グリーンウッドワークで 椅子を作る

久津輪 雅

岐阜県立森林文化アカデミー

日本人は、木の家に住んでいる。
木の空間には、木の椅子が似合う。
木の椅子は、暮らしのあちこちで活躍する。

自分で作った椅子なら、もっといい。
少し歪んでいても、削り跡が粗くても、
しっくりと暮らしになじむ。
毎日眺めて、毎日なでて、毎日座る。

でも考えてみると、
日本人は自分の座る椅子を
自分で作ってこなかった。
ほんの100年ほど前まで、
椅子自体が日本の暮らしになかったから。
椅子の文化は機械とともにやってきて、
はじめから工場で作られた。

グリーンウッドワークの椅子づくりは、
森で樹を伐るところから始まる。
斧ではつり、削り馬という道具にまたがり、
センという道具で削る。
生木だから、
やわらかくてみずみずしくて、
気持ちいい。

大げさだけど、
こうして自分が使う椅子を
楽しく作れるのは、
日本史上、初めてのことかもしれない。

これは足踏みロクロという道具。
かつてヨーロッパの人たちが
森の中で椅子の部材を作るのに使っていた。
日本でも似たような道具が
お椀を作るのに使われていた。

ペダルを踏むと、丸棒がクルクル回り、
刃物を当てるとシュルシュル削れる。
ヘルシーでエコロジカル、
古いけれど新しい道具だ。

美しく座り心地がよい椅子を作るために、
曲げ木をすることもある。
コンロと鍋と自作の道具で、
簡単に木が曲げられる。

蒸したて熱々の木を取り出し、
型に沿わせて押すとゆっくり曲がる。
乾かせばしっかりカーブが保たれる。
これも昔からの知恵。
でも新鮮な驚きだ。

座面は、さまざまな素材で編む。
自然素材のイグサに、樹木の皮。
布テープや紙紐を使うこともある。

板の座面はカンナで削り、
脚にクサビを打ち込んで
しっかり留める。

椅子づくり講座では、完成が近づくとワクワク、ソワソワしてくる。
表情もだんだんほころんでくる。

そして完成! みんな満面の笑み。
いい椅子ができたら、もう嬉しくて心も体も浮き立っちゃう。

かつて、ある木工芸家が
皇居の椅子を作るよう頼まれた。
自身は畳に座る暮らしだったから、
彼はヨーロッパまで椅子を学びに行った。

いちばん心を捉えたのは、
スペインで見た、
生木を粗く削っただけの素朴な椅子。
彼はそれをゴッホの絵画の椅子のようだと、
晩年まで愛用したという。

いま私たちは
彼の椅子紀行に思いを馳せながら、
ゴッホの椅子を作ることができる。
彼がまだ生きていたら、
羨ましがっただろうな。

30年前に自ら植えた樹から、
仲間たち3人で椅子を作った。
1本の樹から3脚の椅子。
三者三様の椅子ができた。

そして切り株からは新しい芽。
また30年後に次の世代の仲間たちが、
同じ樹から椅子を作るかもしれない。

きっと100年後、200年後の日本人も
木を削り、椅子を作って、
笑顔で座っているはずだ。

さあ、道具を手に取って
グリーンウッドワークの椅子づくりを始めよう。

C o n t

プロローグ ……………………………………………………………………… 004

グリーンウッドワークの基本① 椅子づくりの流れ ………………………… 016

グリーンウッドワークの基本② 椅子づくりに使う道具 …………………… 024

グリーンウッドワークの道具を作る① 2×材で作る折り畳み式削り馬 ……… 026

グリーンウッドワークの道具を作る② 2×材で作る折り畳み式足踏みロクロ …… 034

椅子を作る① 編み座のスツール …………………………………………… 048

椅子を作る② 板座のスツール ……………………………………………… 056

Special topic 海外の椅子づくり講座に参加する ………………………… 062

椅子を作る③ ラダーバックチェア ………………………………………… 066

椅子を作る④ ゴッホの椅子 ………………………………………………… 084

Special topic ゴッホの椅子の故郷を訪ねる …………………………… 092

ents

椅子を作る⑤ **ウィンザーチェア** 094

Special topic 地域材利用のムーブメントと「樹の一脚展」 102

椅子を作る⑥ **サトヤマ・ツナグスツール** 104

椅子を作る⑦ **樹皮編みのスツール** 112

椅子を作る[番外編] **椅子マイスターたちの即興生（木）演奏** 120

巻末資料 **グリーンウッドワークの椅子づくりを体験できる場所** 128

奥付 130

[本書をお読みいただく上での注意点]

＊安全に作業するために、刃物をきちんと手入れして切れ味を保ちましょう。
切れ味の鈍さを補うための強引な刃物使いは、ケガの原因となります。また
刃物を使う際は、近くに人がいないことを確認し、絶対に人に向けないよう
に注意してください。常に安全第一を心がけて、作業を楽しんでください。
＊本書に掲載している情報は2023年11月現在のものです。連絡先などの
データは変更される可能性がありますので、あらかじめご了承ください。

グリーンウッドワークの基本 ❶
椅子づくりの流れ

グリーンウッドワークの椅子づくりはまず材料の入手から。
そして割って部材を木取り、成形加工して、部材を乾燥させ、組み立てる。
それぞれの工程のポイントを解説する。

[材料を収穫する]

　もし身近に森があり、伐ることができるなら自分で収穫してみよう。樹木を伐採するときには、必ず森林の所有者に許可を得ること。

　森に入ったら、枝が少なくまっすぐな樹形の木を探してみよう。

　どんな種類の樹木でも椅子づくりに使うことができる。ただしスギやキリなど非常に軽くてやわらかい材は座面に使うにはよいが、脚や貫（後述）などの細い部材やホゾ（接合部分）には向かない。

　太さは、芯持ちで使うなら直径4〜5cmのものから使える。中心で割り、芯を除いて使う場合は直径10cm程度は欲しい。一方、手ノコで伐る場合は直径15cmまでが限度だ。

　右写真のような細い樹木からも椅子を作ることができる。左写真の椅子は、そのことを確かめるために根元の直径12cmのリョウブを1本伐採して作ったもの。座面の上に載っているのが根元を輪切りにしたものだ。

[丸太を購入する]

　たくさんの材料が必要なときや、自分で伐採するのが難しい場合は、丸太を販売しているところで購入できる。著者はグリーンウッドワークの講座で10人分の材料が必要なときなどは、林業が盛んな岐阜県高山市や飛騨市で丸太を購入している。写真は広葉樹を伐採・製材・加工する会社の土場で、さまざまな丸太を樹種や太さや形によって選別し、家具用、鉄道の枕木用、きのこ栽培用のチップなどとして出荷している。

　この会社は希望する樹種や太さを伝えておくとあらかじめ丸太を選別しておいてくれて、その中から購入させてもらえる。車に載るサイズに切ってもらうこともできる。樹木のことを知り尽くしたベテラン職員さんに樹種ごとの特徴や見分け方などを教えてもらうのも楽しい。グリーンウッドワーカーには大変ありがたい存在だ。

　山間地でなくても、市街地の造園業者が街路樹や公園の木を伐採しているので、無料で分けてもらえる場合もある。近くで探してみるとよい。

[丸太を割って木取りする]

　木取りでは、丸太のいちばんよい部分で脚を取り、残りで細い部材を取っていくようにする。節がある場合は、節が接合部分や曲げ木の部分に来ないように気を付ける。

　ここでは根元の直径15cmのヤマザクラを長さ50cmと90cmに切り、P16にあるような椅子の部材を割って取ることにする。

　50cmの方から前脚2本 Ⓐ、背板2枚 Ⓒ、前座枠と前貫計2本 Ⓓ を取る。

　90cmの方から後脚2本 Ⓑ を取り、残りを長さ半分に切って側座枠と側貫計6本 Ⓔ、後座枠と後貫計2本 Ⓕ を取る。合計16本の部材を取る。

＊座面を囲む部材を「座枠」、脚と脚をつなぐ部材を「貫」と呼ぶ。

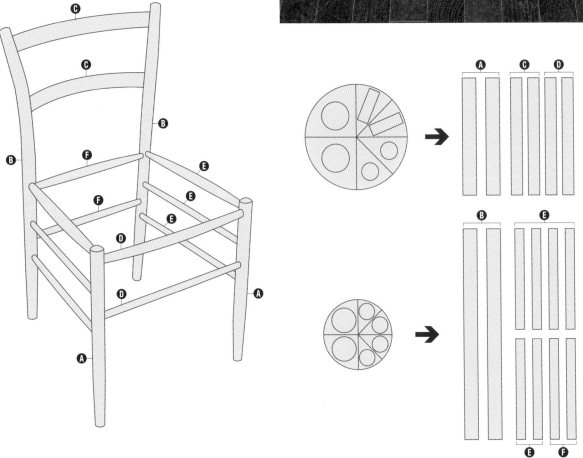

018

クサビで割る

太い丸太は、クサビで割るのが基本だ。2本を1セットで使用する。

まず、割りたいところに直線を描き、線に沿って端から端までクサビを当てて木槌で軽く叩き、溝を付けておく。

溝の両端に木槌でクサビを2本叩き入れ、交互に叩き進める。

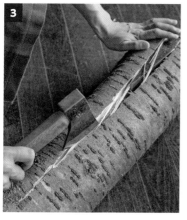

パカッときれいに割れないときは、絡まっている繊維を斧で切断する。

ふたつに割ることができた。

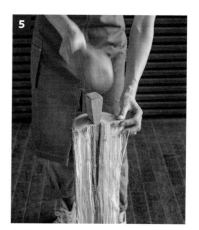

半分をさらに半分に割り、前脚を取る。写真ではシラカシで作った木のクサビを使っている。木のクサビは滑りにくく、割りやすい。

マンリキで割る

マンリキは、細くて長いものや、薄い板を割って取るときに用いる。太い丸太には用いない。柄を傾けてこじりながら割り進める。

割りたい部分にマンリキを当て、木槌で叩いて刃を入れる。刃の部分が材にすべて入ったら、丸太をこじり台に挿し込み、柄を体の方へ傾けるように力をかけていく。

写真のように柄を肘で押すようにしてこじると、力をかけやすい。

＊こじり台は材を割るときに使う道具。
『グリーンウッドワーク 増補改訂版』参照

3

マンリキの上にクサビを入れて割れ目を広げ、マンリキの刃をさらに下げて柄をこじる。

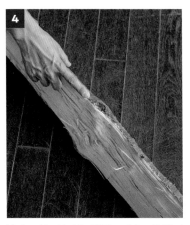

4

途中に節があると、写真のように繊維がねじれているので割るときに抵抗を感じる。接合部分や曲げ木部分に節が来ないようにする。

5

前脚・後脚が取れたら、残りの材で他の細い部材を取っていく。

6

マンリキは柄を傾けた方向に割れ目が寄っていくので、柄をこじりながら割れ目の進む方向を確認する。必要に応じて丸太の向きを変え、逆側にこじる。

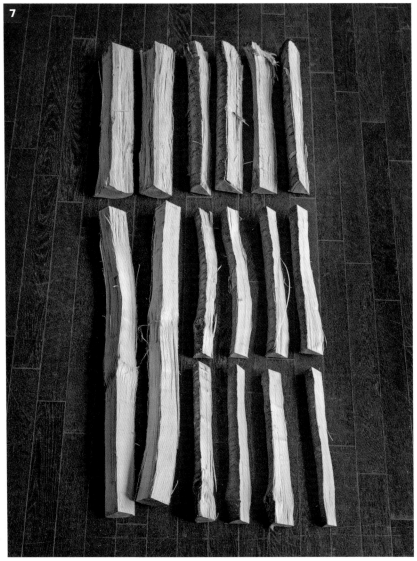

7

目的の通りに割って、すべての部材を取ることができた。

[斧とセンで成形する]

　割った部材は、斧で樹皮を取り除き、なるべく目的の寸法に近いところまではつって成形する。断面が四角形になるように、幅と厚さを揃えながらはつるとよい。

　斧ではつり終わったら、削り馬にセットしてセンで削る。断面が四角形になるようにまっすぐ削り、それから八角形にして、だんだん丸に近付けていく。

　P84〜の「ゴッホの椅子」ではセンで削ったままで部材を仕上げている。その他の椅子ではセンで削った後に南京ガンナで仕上げ削りをしている。

　斧、セン、削り馬の詳しい使い方は、『グリーンウッドワーク　増補改訂版』を参照してほしい。

[ホゾを加工する]

椅子づくりでいちばん精度が求められるのが、接合部分のホゾ加工だ。ここではいくつかの方法を紹介する。

①は、センで削って八角形にする方法。自作のホゾゲージで太さ、長さを測りながら正確に削る。この方法は先端が先細りになりがちなので、ホゾの部分がすべて同じ太さになるよう注意する。

②は、テノンカッター（P24参照）を手回しドリルに取り付け、丸ホゾを加工する方法。丸ホゾの寸法に近い太さまでセンで削って八角形にしてから、先端を丸ホゾ加工する。

③は、樹皮つきの材を芯持ちで使う方法。太すぎる材をテノンカッターで加工することはできないので、適切な太さの材を探す必要がある。曲がっている材でもホゾを作れるのがテノンカッターの利点だ。

④は、足踏みロクロを使ってホゾを挽く方法。精度の高いホゾを加工できる。ただし材を回転させながら削るため、曲がっている材には不向きだ。

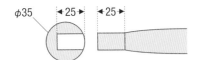

脚の直径35mmに対して、ホゾの長さは25mmにすることが多い。

左から、①、②、③、④の方法で加工したホゾ。

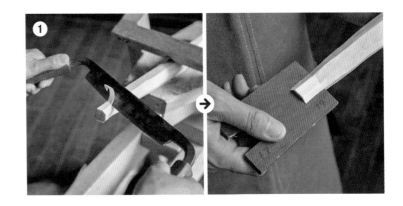

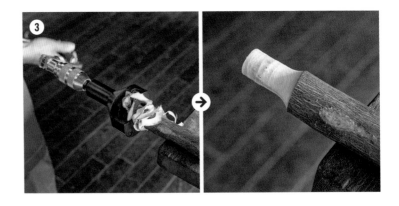

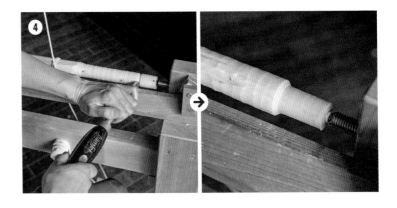

[部材を乾燥させる]

　ホゾ加工を済ませたら、特にオスの部材は組み立てる前にしっかり乾燥させる。生木のまま組み立てると、ホゾが乾いて縮み、接合部分が緩んでしまうためだ。環境や季節にもよるが、数週間は乾燥させたい。

　一方、メスの部材（前脚・後脚）は太いので乾くのに時間がかかる。数週間経って表面は乾いても、ホゾ穴を開けると内部はまだ湿っていることが多い。その状態で組み立てれば、後からメスの部材が乾いて縮み、オスの部材を締め付けることになる。グリーンウッドワークの椅子づくりはこの性質を利用して、しっかりした接合を実現している。

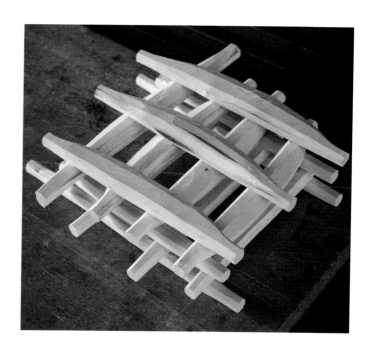

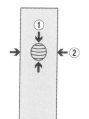

丸ホゾは乾燥すると年輪に沿って大きく縮むため楕円形になる。そして乾燥したホゾの直径よりさらに小さい直径のホゾ穴を開け、ホゾを叩き込む。すると、まず①のように穴に入るときにホゾが圧縮され、穴に密着する。そして②のように組み立て後に脚が縮み、さらにホゾを締め付ける。

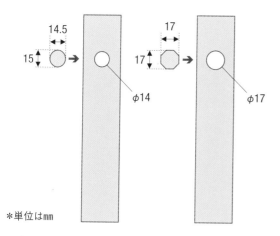

＊単位はmm

ホゾ穴は、ホゾよりも直径をやや小さくするのが基本だ。P66〜の「ラダーバックチェア」では、5/8インチ（15.9mm）径のテノンカッターで丸ホゾ加工して乾燥させ、縮んで15×14.5mmの楕円になったホゾを、さらに小さい14mm径のホゾ穴に叩き入れた。前述の「ゴッホの椅子」では、センで19mmの八角形に削ったホゾを乾燥後に17mmに削り直し、それを17mm径のホゾ穴に叩き入れた。

写真は著者がイギリスでグリーンウッドワークの椅子づくり講座に参加したときに、組み立てたフレームにぶら下がったところ。接着剤なしでも体重を支えられるほど丈夫だ。

グリーンウッドワークの基本 ❷
椅子づくりに使う道具

グリーンウッドワークの椅子づくりには、
さまざまな手道具を使う。
詳しい使い方はそれぞれの
椅子づくりの頁で紹介している。

[叩く]

①両口ハンマー

大きい丸太を割るときに、クサビを叩くのに使う。3kgほどの重さがある方がよい。

②木槌

小さい丸太を割るときに斧やマンリキを叩いたり、組み立てのときに部材を叩くのに用いる。カシなどの堅い木で自作できる。

[割る・はつる]

③斧

小さい丸太を割ったり、部材をはつって成形したりするときに用いる。

④マンリキ

ナタに柄が直角についた形状で、細く長い部材や、薄い板を割って取るときに用いる。柄を傾けてこじることで、割れ目の進む向きをコントロールできる。英語でfroe（フロー）と呼ばれる。

⑤クサビ

木製のものはカシなどの堅い木で自作する。金属のものは割矢・金矢とも呼ばれる。写真は約1kgのもの。2本1組で使う。

[切る]

⑥生木用ノコギリ

生木の伐採や切断に使う。写真は「窓鋸」と呼ばれる、おが屑を詰まりにくくして軽い力で挽けるようにしたもの。

⑦両刃ノコギリ

横挽きと縦挽きの両刃。乾燥した材の精密な加工に用いる。

[削る]

⑧セン

両手で持って手前に引き、長い棒や板を削るのに使う。削り馬とセットで用いることが多い。英語でdrawknife（ドローナイフ）と呼ばれる。

⑨反り台ガンナ

ウィンザーチェアやスツールの凹んだ座面を削るのに用いる。豆平ガンナの台を自分で必要な曲面に加工して作ることもできる。

⑩南京ガンナ

椅子の各部材の表面を削って仕上げるのに用いる。

⑪ストレートナイフ

脚の先端や背板などを面取りするのに用いる。

[穴を開ける・ホゾをつける]

⑫手回しドリル

テノンカッターやドリルビットを取り付けて、回転させながら加工するのに用いる。繰子錐（くりこぎり）、クリックボールなどと呼ばれる。六角軸の道具を固定するのに3本爪が望ましいが、日本では2本爪か4本爪しか販売されていない。その場合は2本爪がよい。

⑬テノンカッター

丸ホゾを加工するための、大きな鉛筆削りのような道具。インチ径でさまざまなサイズがある。椅子づくりでは1/2インチ（12.7mm）、5/8インチ（15.9mm）、3/4インチ（19.1mm）、1インチ（25.4mm）などをよく使う。

⑭木工用ドリルビット

先端にネジがついていて材に食い込むため、手回しでも軽い力で穴を開けることができる。さまざまなサイズのものを用いる。

[固定する]

⑮クランプ

材料を固定するときに用いる。写真のFクランプの他に、パイプクランプも用いる。

[挽く]

⑯足踏みロクロ用の刃物

足踏みロクロでホゾや丸棒を加工するときに用いる。左から木工旋盤用のスピンドルガウジ、木工旋盤用のスキューチゼル、彫刻用の浅丸ノミ。

＊一般的なものは大工道具店やホームセンターで購入できるが、グリーンウッドワークの特殊な道具は巻末の情報ページで購入できるところを紹介している。ここに紹介した道具の他に、削り馬（P26〜参照）、足踏みロクロ（P34〜参照）、はつり台、こじり台などの大きな道具も用いる。

2×材で作る
折り畳み式削り馬

コンパクトに折り畳める削り馬は
日本が誇るオリジナルデザイン。
どこにでも持ち運べて楽に削れる
グリーンウッドワークの必須アイテムだ。
材料を入手しやすいよう、2×材で設計している。

海外の削り馬はナラなどの硬い木でがっしり作ってあるが、日本の狭い工房事情や外での作業の利便性を考え、折り畳める削り馬を著者が開発した。折り畳むと長さ1165mm、幅245mm、高さ165mmになる。このコンパクトさは海外のグリーンウッドワーカーにも好評で、特に木工教室や学校などから引き合いが多い。

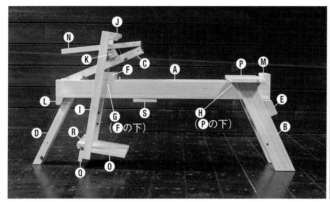

真横から見た様子。アルファベットは次ページの図表に対応

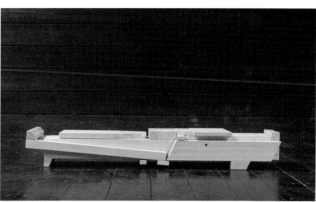

折り畳んだ状態

使用する木材

2×4材を長さ約5m、2×2材を長さ約2.1mの他、24mm厚と19mm厚の板を使用。ホームセンターでも調達できるよう2×材のサイズにしたが、著者は岐阜県産ヒノキを使用している。地域材を使いたい場合は最寄りの材木店に問い合わせてみよう。

使用する道具

丸ノコ、ガイド定規、ドライバードリル、下穴用3.5mm径・5mm径・8mm径ドリルビット、ドリルストッパー、トリマー、1分ボーズ面ビット、罫引、クランプ、自作Vブロック。他に接着剤、ナイフまたはノミを使用。

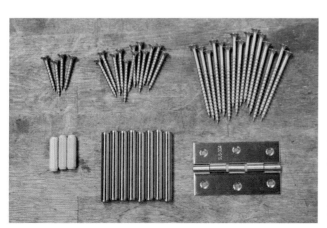

使用する金具類

32mmビス4本、38mmビス12本、65mmビス15本、8×30mmダボ3本、8×60mm金属ピン（平行ピン）8本、76×45mm丁番。ビス・金具のセットはグリーンウッドワーク協会のウェブサイト（右のQRコード）で購入できる。

[2×4材から木取りする部材]　　　　　　　　　　　　　　　　　　　　　*寸法の単位はmm

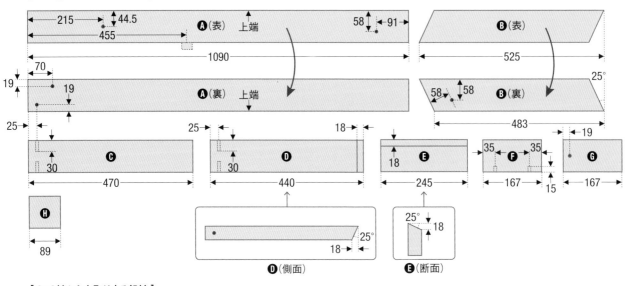

[2×2材から木取りする部材]

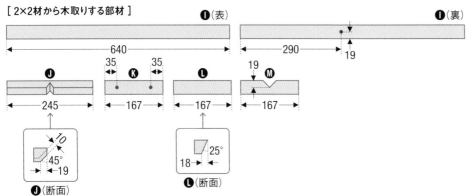

[24mm厚の無垢材または
合板から木取りする部材]

[19mm厚の1×材、無垢材または
18mm厚の合板から木取りする部材]

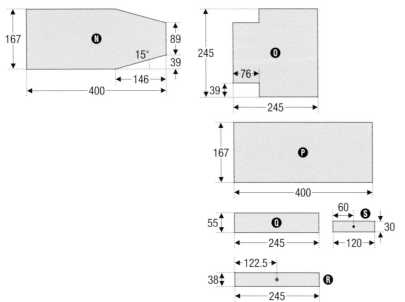

木取り表

材の種類	寸法（mm）	数	使用部位	記号
2×4材（38×89mm）	1090	2	胴	Ⓐ
	525	2	後脚	Ⓑ
	470	1	台下	Ⓒ
	440	1	前脚	Ⓓ
	245	1	後脚貫	Ⓔ
	167	1	スライダー大上	Ⓕ
	167	1	スライダー大下	Ⓖ
	89	1	座下	Ⓗ
2×2材（38×38mm）	640	2	アーム	Ⓘ
	245	1	アーム貫上	Ⓙ
	167	1	スライダー小	Ⓚ
	167	1	胴貫前	Ⓛ
	167	1	胴貫後	Ⓜ
24mm厚材	167×400	1	台上	Ⓝ
19mm厚材	245×245	1	ペダル	Ⓞ
	167×400	1	座	Ⓟ
	55×245	1	アーム貫下	Ⓠ
	38×245	1	ペダル貫	Ⓡ
	30×120	1	ロック	Ⓢ

木取りと成形加工

ほとんどの加工を丸ノコで行う。小さい部材を固定する際、組み立て時に使うビス用の穴を利用して、捨て板にビス留めしている。難しい場合は手ノコで加工してもよい。

丸ノコガイド定規を使って、すべての部材を所定の長さに切る。作業台を傷付けないよう、部材の下に桟木を敷いて行う。

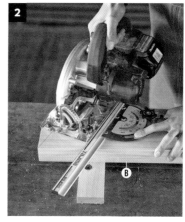

ガイド定規を25度にセットして、Bの両端を斜めに切る。

Bの端を切り落としたところ。

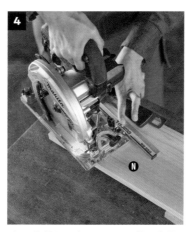

ガイド定規を15度にセットしてNの木端を切る。

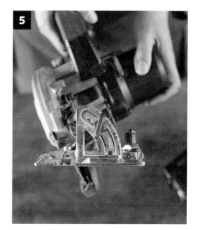

次はD、E、Lを加工するため、丸ノコの刃を25度に傾ける。

まずDの木口を斜めに切る。

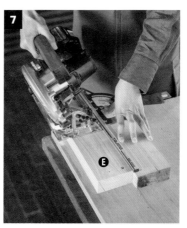

E、Lの木端を切るときは、部材が小さくクランプしづらいので捨て板にビスで留める。Eの木端を25度で切る。

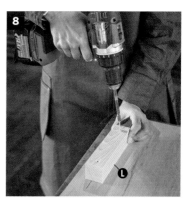

Lを捨て板に留める際は、丸ノコがビスに当たらないようビスを斜めに傾けて打つ（このビス穴は後でAとLを組み付ける際に使用する。P32 10 参照）。

9

Lの材の隣に同じ厚さの端材とガイド用の端材を置いて固定し、丸ノコでLの木端を25度に切る。

10

Lを切り終わったところ。

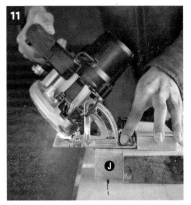

11

Jの加工は最も難しい。まずJを捨て板にビスで留め、丸ノコの刃を45度に傾けて、大きな面取りをする。

12

次にJを丸ノコと直交するようにクランプで留め、45度に傾けた刃をベースから10mm出して中央に切り込みを入れ、V型の溝を欠き取る。

13

次に自作のVブロックの上にJの材を載せ、同じように中央に切り込みを入れ、V型の溝を欠き取る。

14

Jが完成したところ。2面にV溝が付けられている。丸ノコでの加工が難しい場合は手ノコで加工してもよい。

15

刃を本体のベースから19mm出し、Mの中央に切り込みを入れ、V型の溝を欠き取る。Mの欠き取りは1面のみでよい。

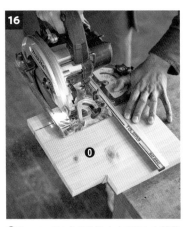

16

Oは、ベースから刃を最大まで出した状態で角を39×76mm欠き取る。入り隅の切れないところはナイフやノミで仕上げる。

穴開けと組み立て

穴は部材Ｓ以外すべて8mm径で統一している（部材Ｓのみ5mm径）。ビスは長さが3種類あるので間違えないようにしたい。

図面の穴の位置を、定規や罫引を使って各部材に描き写す。Ａ、Ｂはそれぞれ左右一対なので、写真のように2本並べて描くとよい。

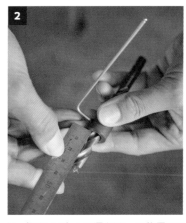

8mm径ドリルビットの深さ30mmの位置にドリルストッパーを取り付ける。

Ａ、Ｂ、Ｃ、Ｄ、Ｉの図面の赤い穴は金属ピンが入る深さ30mmの穴を示す。ドライバードリルでストッパーの位置まで穴を開ける。

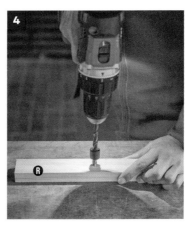

Ｆ、Ｇ、Ｋ、Ｒの図面の青い穴は木製ダボが入る深さ15mmの穴を示す。ドリルストッパーの位置を15mmに変え、穴を開ける。

トリマーに1分（3mm）ボーズ面ビットを取り付け、すべての部材を面取りする。

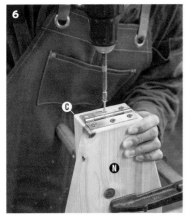

Ｃの側面に穴を開けていない方の木口とＮの木口を合わせてクランプで留め、38mmのビス6本で丁番を取り付ける。

丁番の軸をふたつの材の境目ではなくＣ側に寄せるようにする。Ｎ側へ寄せすぎると、使用時に刃物が丁番に当たってしまう恐れがあるため。

ＣとＮを丁番でつないだものとＤを重ね、それぞれの横穴に金属ピンを挿し、Ａの穴に合わせて取り付ける。

ⓂをⒶの後端に65mmのビス各1本で留める。割れを防ぐため3.5mm径のドリルビットで下穴を開けてからビスを打ち込む(以下も同じ)。

全体を裏返し、ⓁをⒶの前端に65mmのビス各1本で留める。

全体を裏返したまま、Ⓑの穴に金属ピンを挿しⒶに取り付ける。Ⓑの角から98mmのところにEを置き、クランプで固定する。

65mmのビス各2本でⒺをビス留めする。

Ⓢは回転させて使うため、ビスの軸より大きい5mm径の穴を開けておく。Ⓐの前端から455mmの位置に65mmのビスで留める。

Ⓘに金属ピンを挿し、Ⓐに取り付ける。Ⓘの穴から木口までが短い方(290mm)が写真の手前(削り馬の前方)に来るようにする。

Ⓠを38mmのビス各2本でⒾの下端に留める。ⒾはⒾの下端から17mm飛び出していて、閉じたときにⒷの端を押さえるようになっている。

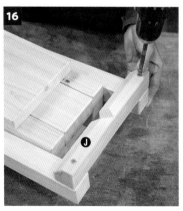

全体を表に返し、Ⓙを65mmのビス各1本でⒾの上端に留める。Ⓙを取り付ける向きに注意。

再び裏返し、反対側からも65mmのビス各1本でⒾとⒿを留める。

18

Oの欠き取りのある方に**R**を敷き、端を揃えて32mmのビス4本で**R**を留める。

19

Fと**G**を直交させ、65mmのビス2本で留める。留める際、**F**と**G**のダボ穴の位置に注意(次の写真を参照)。

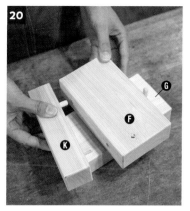

20

Gと**K**の穴に30mmの木製ダボを接着剤で留める。折り畳んだとき、**K**のダボ2本は**F**の穴に、**G**のダボは**R**の穴に入るようになっている。

21

Pの中央に、**H**を38mmのビス2本で固定する。

22

完成。開き方、折り畳み方は、グリーンウッドワーク・ラボの動画(左のQRコード)で確認できる。

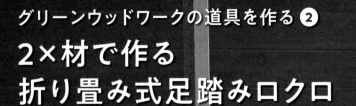

2×材で作る
折り畳み式足踏みロクロ

かつてイギリスの森で
椅子の脚を挽く職人が使っていたのが足踏みロクロだ。
今ではグリーンウッドワークを楽しむ道具として親しまれている。
これに日本独自の工夫を盛り込み、2×材で作れて
簡単に折り畳める足踏みロクロを開発した。

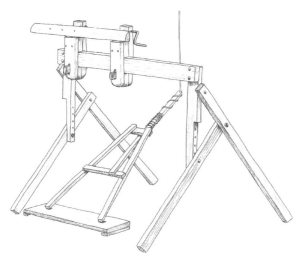

マイク・アボットさんの足踏みロクロ
（イラスト：タムジン・アボット／『Living Woods』より）

奈良県吉野地方の足踏みロクロ（イラスト：中川未子／平成19年度奈良県立民俗博物館特別展『木を育て 山に生きる』図録より）

足踏みロクロには、椅子の脚などの丸棒を挽く（ロクロで削ることを挽くと言う）ものと、器を挽くものがある。左の図はヨーロッパの古い足踏みロクロを改良したもので、グリーンウッドワークの椅子づくりの第一人者、イギリスのマイク・アボットさんの設計。右の図はかつて奈良県吉野地方で、器を作る木地師が使っていたものだ。どちらも脚でペダルを踏むと、紐を

巻き付けた軸（材料）が回転する仕組みになっている。右の方は踏み込みの距離は短くても多くの回転数を得られるよう、ペダルに滑車を付けて工夫している。

両者を組み合わせ、さらに折り畳んでコンパクトに収納・運搬できるようにしたのが、この新型だ。

折り畳むと高さ1800mm、幅1100mm、厚さ165mmになる。軽トラックや商用バンに積むことができる。

使用する道具

削り馬、セン、パイプ、ノコギリ、木工旋盤用ラフィングガウジ、万力、3mm径・4mm径・6mm径・10mm径ドリルビット（3、4mm径は下穴用）、30mm径フォスナービット、丸ノコ、トリマー、ドライバードリル、インパクトドライバー、クランプ、ボール盤。他にグラインダー、定規（0.5mm厚）、合板（5.5mm厚）、カンナを使用。

使用する副資材

10mm径ダボ3本、76mm丁番5個、12mm径寸切ボルト2本（130mm、210mm）、コードフック2個、カラビナ1個、40mm径戸車（車のみ）1個、6×60mm平行ピン1本、8mm径ゴム紐（バンジーコード）1.1m、4mm径綿ロープ2.5m、各種ビス。他にガムテープを使用。

＊車のみの戸車、平行ピン、寸切ボルトなどは、通販サイト・モノタロウで購入できる。近隣のホームセンターなどで入手が難しい場合は検索してみよう。

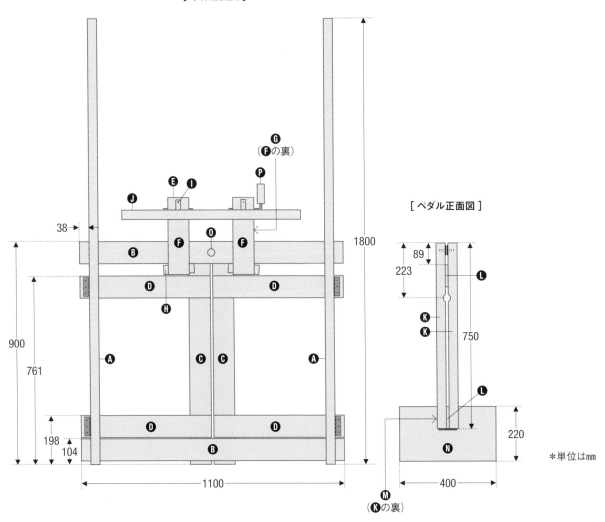

[本体正面図]

G
(Fの裏)

P

E I

J

38

B

O

F   F

1800

D   D

H

900

761

A   C   C   A

D   D

198

B

104

1100

[ペダル正面図]

89

223

L

K

750

K

L

N

M
(Kの裏)

220

400

＊単位はmm

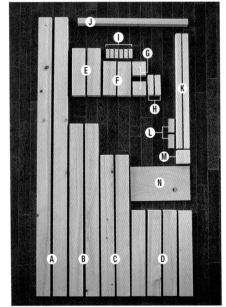

木取りした木材

最後に足踏みロクロで
削る◯（丸棒）と◯（ハ
ンドル）は省略。

J

I

G

E

F

K

H

L

M

N

A B C D

木取り表

材の種類	寸法(mm)	数	使用部位	記号
2×4材（38×89mm）	1800	2	主柱	A
	1100	2	横桟	B
	900	2	側柱	C
	545	4	腕	D
	312	2	材料固定台（長）	E
	223	2	〃（中）	F
	89	2	〃（短）	G
2×2材（38×38mm）	130	2	クサビ	H
12mm厚合板	20×55	6	調節板	I
2×2材	750	1	刃物台	J
	750	2	ペダル	K
12mm厚合板	38×89	2	スペーサー	L
2×4材	89	1	ペダル台	M
12mm厚合板	220×400	1	踏み板	N
2×2材	70	1	丸棒	O
	80	1	ハンドル	P

本体を作る

本体は主柱に2本の横桟をビス留めし、側柱を支える腕を丁番で主柱に取り付けて開閉させる構造になっている。シンプルな仕組みだ。

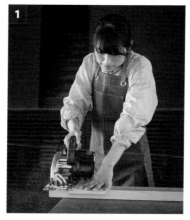

2×4材を所定の長さに丸ノコで切る。トリマーがあれば切った後の木口を面取りする。

ボール盤に30mm径のフォスナービットを取り付け、**B**のうち1本の中央に深さ30mmの穴を開けておく（P41 **9** で**O**の丸棒を入れるための穴）。

Aの下端から104mm、900mmの位置に**B**を置き、**B**を左右に38mm（2×材の厚み分）突き出させてクランプで留める。

1ヶ所につき3本の75mmビスで固定する。割れを防ぐため3mm径ドリルビットで下穴を開けてからビスで留める。以降も同じ。

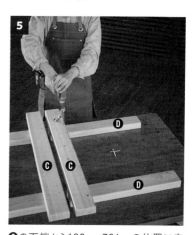

Cの下端から198mm、761mmの位置に来るように**D**を置き、**C**を上に載せて、1ヶ所につき4本の65mmビスで固定する。

4と**5**で組んだものを裏返して置き、**A**と**D**の接合部4ヶ所に丁番を取り付ける。各所とも32mmビス6本で固定する。

Aにゴム紐を取り付けるための65mmビスを打ち込む。木口の中央ではなく、**B**を取り付けた側に寄せる。20mmほど突き出させておく。

材料固定台を作る

材料固定台は左右一対で、削る材料を挟んで固定するとともに、刃物台を支える役目を持つ。**E**・**F**・**G**の3つの部材をビス留めして作る。挽く材料の木口に突き刺すための先を尖らせたボルトを取り付ける。

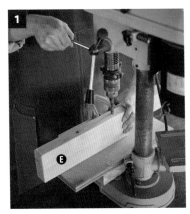

1 ボール盤に10mm径ドリルビットを取り付け、**E**の側面の上端から50mmのところに貫通穴を開ける。穴が深いため、半分ずつ両側から開けるとよい。

2 **G**の部材の片側にガムテープを2枚重ねて貼る。**B**より厚みを少しだけ厚くして、完成した材料固定台を**B**の上でスライドしやすくするため。

3 上から**F**・**G**・**E**の順に重ねて90mmビスを2本打ち込み、裏返してもう2本打ち込む。3枚をビスでしっかり固定する。

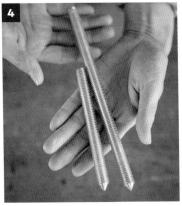

4 12mm径の寸切ボルトを130mm、210mmに切り、先端をグラインダーやベルトサンダーなどで尖らせる。尖らせすぎると挽く材料に食い込むので1mmほど平面を残す。

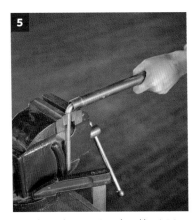

5 長い方は、尖っていない方の端から70mmのところで万力に固定し、金属パイプを挿し込んで曲げる。

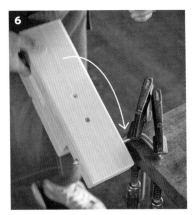

6 曲げたボルトをクランプで作業台に固定し、材料固定台を回転させながらボルトを挿し込んでいく。尖った先端を20mmほど出す。

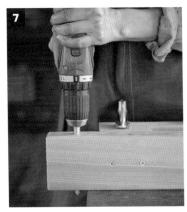

7 短い方のボルトはドライバードリルに取り付け、尖った先端が20mm出るまで回しながら挿し込む。

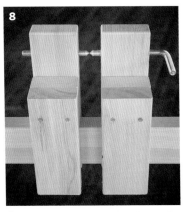

8 **B**の上に置いてみて、左右の尖ったボルトの先端が同じ高さになっているか確認する。必要に応じて**E**・**F**・**G**をビス留めし直して調整する。

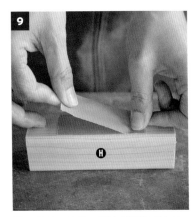

9 **H**の部材の1面に、**2**と同様にガムテープを2枚貼る。

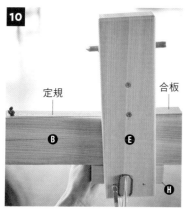

10

定規　　　　　　　　　　　合板

Ⓑ　　　　　Ⓔ

Ⓗ

材料固定台とⒷの間の、ボルトの尖った側に0.5mm厚の定規、反対側に5.5mm厚の合板を挿し込んだ状態で、ⒽをⒷに密着させて90mmのビス2本で留める。

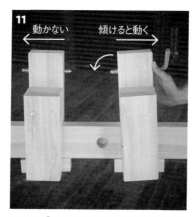

11

←動かない　傾けると動く→

こうしてⒽを斜めに固定することで、材料固定台が材料を挟むと動かなくなる。動かすときは台を少し傾けると動く。

12

Ⓔの上端から20mmのところにⒾを3枚重ねて65mmビスで取り付ける。刃物台と材料の間隔を調節する板なので、動くように緩く留める。

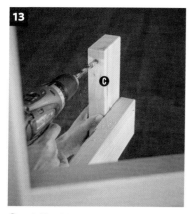

13

Ⓒ

Ⓒの上端から20mmのところに10mm径ドリルビットで深さ15mmの穴を開ける。

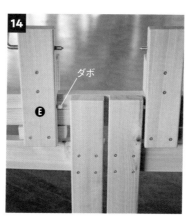

14

ダボ

Ⓔ

材料固定台のⒺの側面にもⒸと同じ位置に穴を開け、10mm径のダボを接着する。これで材料固定台をスライドさせるとⒸの穴にダボが入り、ロックがかかる。

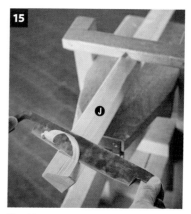

15

Ⓙ

Ⓙを削り馬に固定し、一角をセンで削る。削った面の両側に幅10mmずつ平面が残る程度に削り、カンナなどで仕上げて平らにする。

ペダルを作る

ペダルは先端に滑車（戸車の車に平行ピンを挿したもの）が付いていて、材料を回転させる綿ロープがこの滑車を通って横桟Ⓑに固定される。滑車があることで、ペダルを踏むストロークが短くてもロープが動く距離が伸び、多くの回転を生むのだ。

1

Ⓚ

Ⓚの上端から25mmのところに6mm径ドリルビットで深さ25mmの穴を開ける。

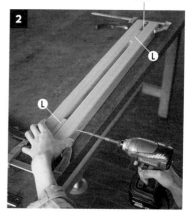

2

滑車

Ⓛ

Ⓛ

滑車を入れ、Ⓚの上端から89mmのところに1枚と下端に合わせて1枚、Ⓛの板を挟んでクランプで固定し、65mmビスで両側から留める。

3 ②で組んだものをボール盤に固定し、上端から223mmのところに30mm径フォスナービットの中心を合わせ貫通穴を開ける。この穴は畳むときにペダルを**O**に固定するためのもの。

4 ②で組んだものの上に**M**をクランプで固定し、丁番を65mmビスで固定する。

5 **M**の上に**N**を置き、45mmビス4本で固定する。ビスが表面から飛び出して床を傷つけないよう、穴を皿もみしてから打ち込む。

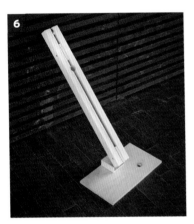

ペダルが完成。

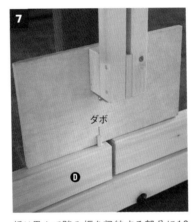

ダボ

折り畳んで踏み板を収納する部分に10mm径の穴を開け、ダボを接着する。畳んだときに踏み板が支えられて安定する。

全体を組み立て、部品用の丸棒を挽く

Bの中央部分の**O**と材料固定台のハンドル**P**には丸棒を使う。この丸棒を、組み立てた足踏みロクロを使って作る。

1 ゴム紐にフックを通して端に結び目を作る。**A**に取り付けてたるむようなら、結び目の位置を変えて調整する。

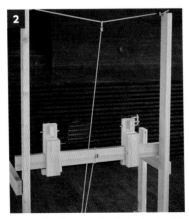

2 綿ロープの端にカラビナを取り付け、ゴム紐につなぐ。もう一方の端は滑車に通してから**B**の中央に仮に結びつけておく。

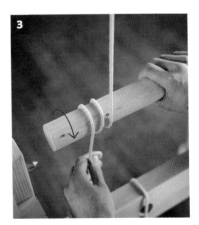

3 あらかじめ削り馬で丸く粗削りした長さ30cmほどの材料を右手に持ち、綿ロープをたぐり寄せて左手で2回材料に巻き付ける。

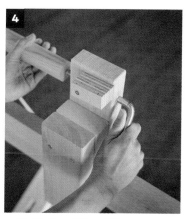

4 材料固定台で両側から材料を押さえて固定する。材料の木口の中心にあらかじめ釘などで凹みを作っておくとよい。ハンドルを回してしっかり固定する。

5 片足で踏み板を踏み、もう一方の足でペダルを踏むと材料が回転する。回転するときに刃物を当てると削れる。

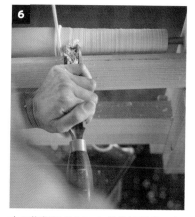

6 木工旋盤用のラフィングガウジを使い（P43の浅丸ノミでもよい）、材料に刃を直角に当てて粗挽きする。材料の凹凸をなくし、必要な直径（30mm）に近付ける。

7 仕上げ挽きでは材料に対して刃物を45度に傾け、刃のしのぎ面（角度のついた面）を擦らせながら挽き進める。ノギスで直径30mmになっているか確認する。

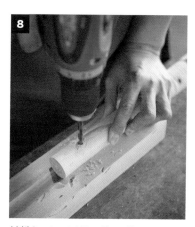

8 材料をロクロから取り外し、端から30mmの位置に6mm径ドリルビットで綿ロープを通すための穴を開け、長さ70mmのところで切って❶を作る。

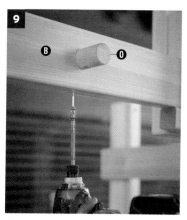

9 ❶の6mm径の穴が縦向きになるようにして❷の穴に叩き込み、下から65mmビスで固定する。

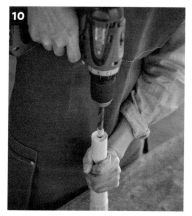

10 ❸の残りの丸棒の木口の中央に10mm径ドリルビットで深さ40mmの穴を開ける。

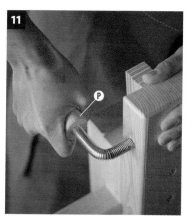

11 長さ80mmで切って❹を作り、材料固定台の曲げた方のボルトに回しながら挿し込んで固定する。

完成。好みで差し色を入れると楽しい。

12

足踏みロクロの
使い方

足踏みロクロを使いこなすと、このような
加飾の付いた伝統的な椅子の脚を挽く
こともできる。かつてイギリスでは、職人
が森の中に削り馬と足踏みロクロを置
き、生木を挽いてウィンザーチェアの脚
を量産していた。

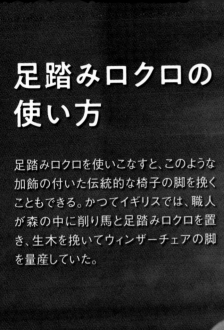

[道具を準備する]

刃物は電動の木工旋盤用も使えるが、幅広の刃物があると便利だ。足踏みロクロは回転が少ない一方、材料が生木でやわらかいので、幅広の刃物で一度にたくさん削った方が効率がよいためだ。

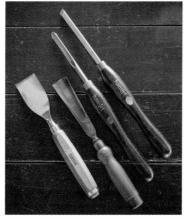

左から、彫刻用の平ノミ（幅50㎜）、浅丸ノミ（幅38㎜）、旋盤用のスピンドルガウジ、旋盤用のスキューチゼル。

左から、機械油の入ったオイル注し、尖らせた寸切ボルトで自作したポンチ、クサビ（長さ120㎜）、木槌、ノギス。ポンチはプラスドライバーでも代用可。

[材料をセットする]

直径40㎜ほどの椅子の脚を作る場合、長さ500㎜の丸太をクサビやマンリキで50〜60㎜角に割り、削り馬でできる限りまっすぐに整え、丸棒状に削る。できる限り円柱に近付け、足踏みロクロで削る量を少なくするほど、早く仕上がる。

①割った材料の木口に円を描き、その円に合わせてセンで削る。ロクロ仕上げ後の寸法が直径40㎜なら50㎜ほどにしておくとよい。

②足踏みロクロにセットするため、材料の木口の中心に自作のポンチで深さ2〜3㎜ほどの凹みを付ける。

③凹みに油を注す。機械油の代わりにサラダ油でもよい。挽いているうちにきしみ音がしてきたら油を加える。

④材料を右手に持ち、ゴム紐に吊るされた綿ロープをたぐり寄せて、左手で2回材料に巻き付ける。

⑤両側の材料固定台をスライドさせて間に材料を挟み、ハンドルで強く締め付けた後、わずかに緩める。いったん強く締めるのは材料固定台が滑らないようにするため。

⑥ ペダルを踏んで、なめらかに回転するかどうか確認する。重くて回転しづらければ、ハンドルを緩めて調節する。

⑦ 材料固定台はスライドさせただけで材料を固定するよう設計しているが、材料に歪みがあると挽くうちに振動でずれやすい。その際は写真の部分にクサビを挿し込む。

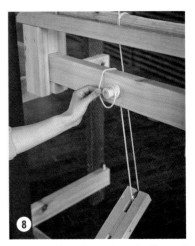

⑧ ペダルが適切な高さになるよう、綿ロープを本体中央の丸棒に巻き付けて調節する。削って材料が細くなるとペダルが下がるので、随時調節する。

片足で踏み板の上に乗り、もう一方の足でペダルを踏む。踏む前のペダルの角度は40度ぐらいで、水平近くになるまで踏み込む。踏み込むときに材料が手前に回転するので刃を近付けて挽き、ペダルを戻すときに材料が逆回転するので刃をわずかに離す。挽いているうちに刃が材料に巻き付けた綿ロープに近づいてきたら、ゴム紐に通したカラビナとペダルを左右に動かし、綿ロープの位置をずらす。

左のQRコードの動画に折り畳んだ足踏みロクロの開き方、材料の固定の仕方、基本的な削り方を紹介している。

[粗挽きする]

削り馬で削った丸棒はまだ曲がりや凹凸があるので、まず浅丸ノミで挽いて、まっすぐで凹凸の少ない丸棒にする。

① ゴム紐に通しているカラビナとペダルを右に寄せて回転させ、綿ロープを右へずらしておく。

② 浅丸ノミを材料に直交させるように持ち、刃物台にしっかり固定して、ペダルを踏んで材料を手前に回転させながら刃物を当てる。

③ 左側の一部を挽いて凹凸が取れたら、そちらへ綿ロープを移動させると回転が安定する。その後、右側を挽き進める。

④ 回していると材料の木口の凹みが深くなって緩んでくるので、ハンドルを増し締めする。きしむようなら油も注す。

[平面に挽く]

平面に挽くのは、浅丸ノミか平ノミを用いる。

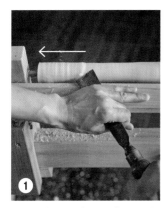

① 材料に対して刃物を45度ほどに傾け、刃のしのぎ面を材に密着させながら、刃幅の下から1/3ほどのところで挽く。

② 横から見たところ。柄を下げて、なるべく材料の上の方に刃を当てて挽くようにすると、薄い削り屑が出て、美しく挽くことができる。

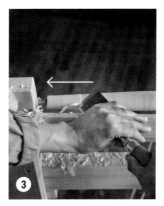

③ テーパーをつける（先細りにする）場合は、太い方から細い方へ挽くのが基本。逆に挽くと逆目になり、削り肌が粗くなる。

④ 挽き終わったら刃物台を外し、削り屑を押し付けながら回すと、表面が乾いて磨かれ、光沢が出る。

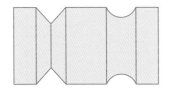

[溝を作る]

V型や丸型の溝を作るのは、木工旋盤用のスピンドルガウジを用いる。

① スピンドルガウジ上面の凹みを横に向け、材料を回転させながら刃の先端で斜めに切り込んでいく。

② スピンドルガウジの凹みを逆側へ向け、①で挽いた切り込みの底へ向かって逆からも切り込んでいくとV溝ができる。

③ 丸溝は、まず作りたい溝の幅の両端に①〜②の要領で切り込みを入れる。

④ 溝の中央のいちばん深いところへ刃物を移動させながら、スピンドルガウジの凹みをだんだん上へ向けるよう刃を回転させて挽く。

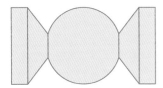

[球を作る]

球を作るのは、丸溝を作るのと逆の刃物の動かし方になる。
刃物はスピンドルガウジの他、スキューチゼルを使うこともできる。

① 材料の直径と同じ長さの間隔を空けて、スピンドルガウジでV溝を2本作る。

② V溝を両側から切り込み、少しずつ深く、幅広くしていく。

③ 球状に挽いていく。球の頂点はスピンドルガウジ上面の凹みを上に向けている。

④ 左右に挽き進めながら、スピンドルガウジ上面の凹みをだんだん球の外側へ傾ける。しのぎ面を擦らせながら挽く。

[丸ホゾを作る]

ウィンザーチェアなどの椅子づくりには、足踏みロクロで丸ホゾを加工すると便利だ。ただし生木は挽いた後に乾くので、少し太めに挽いてから乾かし、乾燥後に仕上がり寸法まで挽き直すとよい。

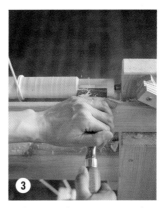

①
[溝を作る]の手順①〜②の要領で、スピンドルガウジでホゾの胴付き（段差）の部分にV型の溝を作る。

②
平ノミの平らな面を上にして斜めに当て、しのぎ面を擦らせながらホゾ部分を仕上がり寸法近くまで挽いていく。

③
胴付きとの境目は、平ノミの角を使って挽く。

④
ノギスで太さを確認する。樹種や材料の乾き具合によって異なるが、仕上がり寸法より1〜2mm太めにしておくとよい。乾燥後に仕上がり寸法に挽き直す。

平面、溝、球、丸ホゾを組み合わせると、伝統的なウィンザーチェアの脚を挽くことができる。

足踏みロクロでの刃物の使い方は基本的に電動の木工旋盤と同じなので、『木工旋盤の教科書』（和田賢治・著）もぜひ参考にしてほしい。

椅子を作る ❶
編み座のスツール

初めてグリーンウッドワークの椅子づくりをする人にお勧めなのが、
シンプルなデザインのスツールだ。
大きな丸太は必要ない。持ち運べるほどの細い木が1本あれば十分だ。
ペーパーコードで座面を編めば、
生木を手で削ったとは思えないお洒落な椅子ができあがる。

丸棒を組み合わせるシンプルな構造

　このタイプの椅子は英語でポスト（縦木）＆ラング（横木）スツールと呼ばれる。丸棒を組み合わせた作りやすい構造だ。横木は、この作例では座りやすさと意匠を兼ねて平たい紡錘形にしているが、まっすぐな丸棒でもかまわない。

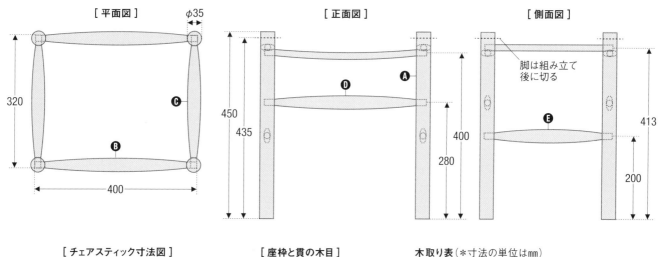

[平面図]　φ35

320

400

Ⓒ

Ⓑ

[正面図]

450

435

Ⓓ

Ⓐ

400

280

[側面図]

脚は組み立て
後に切る

Ⓔ

413

200

[チェアスティック寸法図]

①

②

②

①

400

413

280

200

*チェアスティックの①②はφ14。寸法の単位はmm

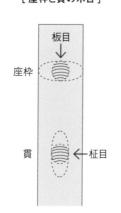

[座枠と貫の木目]

板目

座枠

貫

柾目

木取り表（＊寸法の単位はmm）

部位	割る寸法	仕上がり寸法	数	記号
脚	45角×450	35丸×435	4	Ⓐ
長手座枠	45×30×430	35×20×400	2	Ⓑ
妻手座枠	45×30×350	35×20×320	2	Ⓒ
長手貫	Ⓑと同じ		2	Ⓓ
妻手貫	Ⓒと同じ		2	Ⓔ

使用する材料

材はタカノツメ。やわらかく加工しやすいのでかつて下駄材やマッチの軸に用いられた木だ。1本の木を部材のサイズに合わせて3つに切った（脚＝直径13cm、長さ45cm／長手座枠・貫＝直径10cm、長さ43cm／妻手座枠・貫＝直径10cm、長さ35cm）。

使用する道具

木槌、クサビ、ノコギリ、斧、セン、クランプ、14mm径ドリルビット、5/8インチ径テノンカッター、手回しドリル、南京ガンナ、ストレートナイフ、自作の竹ベラ、ベルトクランプ、チェアスティック、はつり台、削り馬。

各部材を木取りする

丸太は、必要な部材の寸法より少し長めに切っておいてから割り、割った後に部材の長さに切り直す。そうすることで正確な寸法に揃えることができる。

クサビを木槌で叩いて、脚用の丸太をまず半分に割り、さらに半分に割って4等分にする。

脚4本を取ることができた。

はつり台の上で材を傾け、斧を垂直に振り下ろしながらはつり、45mmほどの角材にする。

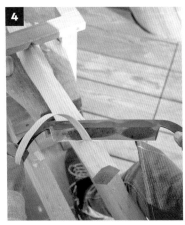

削り馬に材をセットして、センで35mm角の四角形に削り、さらに八角形にする。

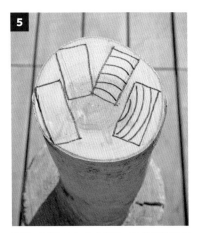

座枠・貫用の丸太を割る。座枠を板目で（写真の両端2本）、貫を柾目で（中央の2本）取りたいので、このように印をつけた。

まずクサビで半分に割る。

さらに半分に割る。左右の体積比が均等になるようクサビを入れるとまっすぐ割れる。

長手（長い方）の座枠と貫を2本ずつ取ることができた。妻手（短い方）の座枠と貫も同様に割って取る。

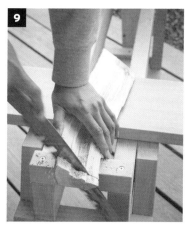

9 長手（400mm）、妻手（320mm）それぞれの長さにノコギリで切る。削り馬の後尾を使うと固定しやすい。

10 斧で40×20mmの角材になるようにはつり、さらに両端が20mm角の紡錘形になるようはつる。

11 センで削って形を整える。角は削って八角形にする。写真のように材を置くと、材の側面を削るときにも材が横滑りしにくい。

12 長手の座枠2本のみ、写真のように緩やかにカーブするように削る。腿が当たる部分なので、この方が座り心地がよい。

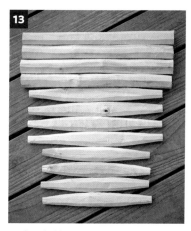

13 12本の部材の粗削りが終わったところ。脚は組み立ててから長さを揃えるので、まだ450mmのままでよい。

ホゾ加工をする

丸ホゾは、手回しドリルに取り付けて使うテノンカッターがあると便利だ。今回は5/8インチ（15.9mm）径を使用する。

1 テノンカッターはホゾの長さが70mmまで加工できるが、穴の中に木製のストッパーを入れてホゾの長さが25mmになるよう調整しておく。

2 座枠・貫の先端にテノンカッターを当て、水平に保ってハンドルを回す。写真のように材をクランプすると一度に両端を加工できる。

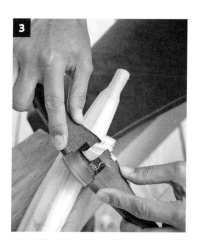

3 センで削った部分とホゾ部分との境に段差ができるので、南京ガンナでなめらかにし、さらに全体も削って仕上げる。

ホゾの先端は組み立ての際に叩き込みやすいよう、ナイフで幅1mmほどの面を取る。これを「入り面」という。

風通しのよい場所や暖房の近くに座枠と貫を置き、乾かす。毎日重さを測ってみて、ほぼ変化しなくなればOK。

八角形の脚も南京ガンナで角を削り、丸く仕上げておく。

ホゾ穴を開け、組み立てる

2回に分けて行う。まず妻手側のホゾ穴を開けて妻手を組み、次に長手側のホゾ穴を開けて全体を組む。脚が乾くにつれてホゾを締めるので、接着剤は用いない。

脚の部材4本を、芯の方が内側を向くように木目を揃えて持ち、木口に妻手側、長手側の印を付ける。

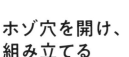

椅子づくりにはチェアスティックを作ると便利だ。脚と同じ長さの板に妻手・長手のホゾ穴の位置を書いておく。

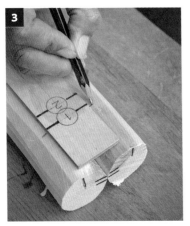

脚の下端にチェアスティックを揃え、まず①（妻手）の穴の位置を写す。脚の上端は後で切るのでまだ少し長い。

脚2本をクランプで作業台に固定して、垂直に穴を開ける。乾いたホゾよりも少し小さい14mm径のドリルビットを使用。

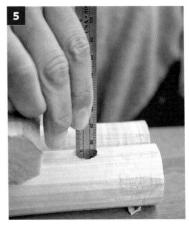

ドリルビットの側面に25mmの印を油性ペンで描いて、そこまで手回しドリルを回し、抜いて深さを確認する。

妻手側を組み立てる。座枠（板目）と貫（柾目）は向きが90度異なるので注意（P49の図参照）。当て木をして木槌で叩く。

組んだ後に作業台に置いてがたつくなら、写真のように持って力を加え、ねじれを解消する。脚と貫の直角も確認する。

再びチェアスティックを当て、②（長手）の穴の位置を写す。

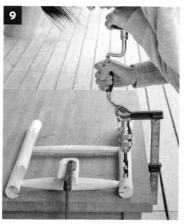

組んだ妻手を作業台に固定し、垂直に穴を開ける。

全体を組み立てる。座枠は幅広の面が地面に対して水平になるよう気をつけて組む。

組んだ後に床に置いてがたつくようなら、写真のように脚の下に端材を挟み、浮いている方の脚に力を加えて歪みを矯正する。脚の下端を切ってもよい。

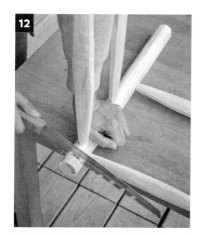

脚の上端を切り揃える。長く残しておいたのは組み立て時の割れを防ぐため。ホゾ穴の上端から15mmの位置で切る。

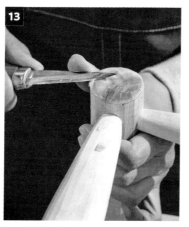

切った脚の木口をストレートナイフでドーム型に成形して仕上げる。脚の下端もナイフで面取りをする。

フレームが完成。

座面を編む

組み立てが終わったら床を掃除して、座面を編む紐が削り屑を巻き込まないようにする。フレームを作業台にベルトクランプで固定して作業する。四方から作業できるよう、小さめの作業台を使うと便利だ。

かつては天然の草を縄状にして編んだが、その現代版のペーパーコード（紙紐）を使用。直径4mm、長さ120mあれば1脚編むことができる。

紐を座枠の隅に結びつけて編み始める。座枠を下からくぐらせ上へ、90度曲がってまた下から上へ、の繰り返し。

紐は作業しやすいよう、4〜5ひろ（両手を広げた長さ）で切る。

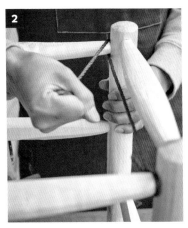

紐を長手座枠の隅に結んで編み始める。反対側の長手座枠を下からくぐらせ、上で引いて紐を張る。

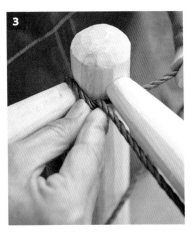

直角に折り、妻手座枠を下からくぐらせる。折った紐を親指と人差し指で押さえ、折り目を付けるのがポイント。

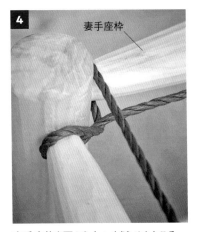

妻手座枠を下から上へくぐらせたところ。

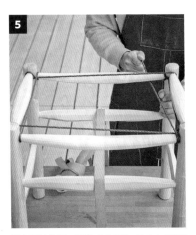

図と同じように1周したところ。ここから2周目を編んでいく。

紐が短くなったら「はた結び」で結ぶ。左手で輪を作り、右手で新しい紐を挿す。結び目は座枠の近くでなく、中央付近に来るように。

7

改めて3つのポイント。
I.座枠を下から上へくぐらせたら、しっかり引いて紐を張る。

8

II.編み方の図の左下と右上では前周の紐が高い位置にあるため、今編んでいる紐を下へ引っ張って前周の紐との交点を下げる。

9

III.紐が90度曲がるところを親指と人差し指でしっかり押さえ、折り目を付ける。再び座枠を下からくぐらせる。

10

ときどき竹ベラなどで紐を詰め、常に折り目が直角になるよう意識しながら編み進める。

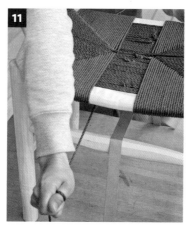

11

妻手側がすき間なく編めたら、長手座枠の間を往復させながら編み進めていく。

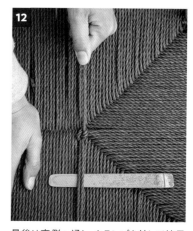

12

最後は裏側へ通し、クランプを外して椅子を裏返す。紐を編み進める方向の数本の下に竹ベラを敷き、その下をくぐらせ、中央で結んで留める。余分は切る。

完成。できあがったスツールの重さはわずか2.5kg。とても軽く、使いやすい。

13

椅子を作る ❷
板座のスツール

分厚い座板と3本の脚、それらをつなぐ貫。
西欧で農民たちが乳搾りの際に使った腰かけが起源とも言われる。
ちょっとした作業のときに座ったり、玄関で靴を履くときに腰かけたり、
いろいろと重宝する小椅子だ。

図面

[平面図]

φ25
Ⓐ
250
400

[正面図]

50
φ30
Ⓒ
Ⓑ
110
430
φ45

[側面図]

*寸法の
単位はmm

110
70°
Ⓓ

[座板の穴の位置と方向]

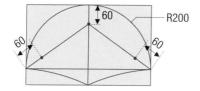

60
R200
60
60

木取り表（*寸法の単位はmm）

部位	割る寸法	仕上がり寸法	数	記号
座板	60×270×500	50×250×400	1	Ⓐ
脚	55角×500	45丸×470	3	Ⓑ
貫（長）	35角×500	25丸×約410	1	Ⓒ
貫（短）	35角×500	25丸×約210	1	Ⓓ

*貫の長さは現物で実測

使用する材料

直径27㎝、長さ50㎝のクリを使用。この丸太半分で1脚作ることができる。クリはまっすぐに割れるので板を作りやすい。針葉樹ならヒノキもよい。

使用する道具

クサビ、斧、セン、木槌、ノコギリ（生木用、両刃）、クランプ、コンパス、手回しドリル、15㎜径・25㎜径ドリルビット、穴開け角度ジグ、延長ビット、5/8インチ径・1インチ径テノンカッター、ストレートナイフ、反り台ガンナ、南京ガンナ、木工用接着剤、エポキシ接着剤、はつり台、削り馬。

丸太を割り、脚と座板を加工する

丸太のいちばん幅広いところで座面を木取り、残りの部分で脚や貫を木取る。ただし芯の部分は割れが入りやすいので、芯を除いて座面を木取るようにする。

1 クサビを2本使い、木槌で叩いて丸太を割る。

2 50㎜厚の座面を木取るために、少し厚めの60㎜ほどで割る。丸太半分から、座板1枚、脚3本、貫2本を取ることができた。

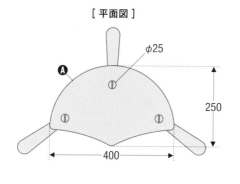
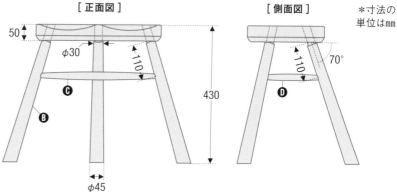

はつり台の上で脚の材を傾け、斧を垂直に振り下ろしながらはつり、50mmの八角形にする。先細りになるようはつる。

削り馬に脚の材を固定し、センで太い方を45mm、細い方を30mmの八角形に削る。

材をクランプで作業台に固定し、1インチ（25.4mm）径のテノンカッターで脚の先端に長さ50mmの丸ホゾを作る。

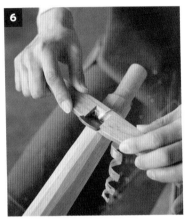

再び削り馬に材を固定し、南京ガンナで丸く成形する。八角形の角を削って十六角形にすると、削り跡を残した美しい仕上がりになる。

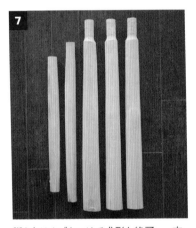

脚3本はホゾをつけて成形も終了。一方、貫2本は長さを切らずホゾもつけないで、25mm角の八角形にだけ削っておく。このままよく乾かす。

座板は長さ40cmに切り、斧で両面をはつって、ねじれや凹凸を取る。

座板の成形用のカンナ。右は粗削り用で、平らな小ガンナの台を短く切って曲面に削り、サンドペーパーで整えた。刃も丸く研いでいる。左は仕上げ用。刃口が狭く逆目が起きにくい。

座板をクランプで作業台に固定し、粗削り用のカンナで木目に対して直交するように削って表裏を平らにする。

コンパスや定規を使い、図面通りに線を引く。座板は乾くと中央が凹むように木表（樹皮に近い方）を上にする。節や割れがあれば木裏を上にしてもよい。

座板の下に合板を敷き、自作の角度ジグに手回しドリルをセットして25mm径の貫通穴を開ける。ジグは70度に傾けてある（欄外参照）。

座面の不要な部分をノコギリで切り取る。バンドソーやジグソーがあれば、それらを使ってもよい。

はつり台の上に座板を置き、斧で輪郭線に沿ってはつる。

作業台に固定し、粗削り用の反り台ガンナで木目に直交に削って「座刳り」をする。ときどき座って形や深さを確かめるとよい。

仕上げ用のカンナで、木目に沿って削り、なめらかに仕上げる。

斧で表裏の角をはつって粗く面取りしてから、南京ガンナで削ってなめらかに仕上げる。側面の輪郭も南京ガンナでなめらかにする。

座板が完成したところ。座板も組み立てる前になるべく乾かしたい。ただし急に乾かすと木口（座板の側面）に割れが入るため、木口をマスキングテープでふさいでおくとよい。

貫とクサビを作り、組み立てる

座板と脚を仮に組んだ状態で脚にホゾ穴を開け、ホゾ穴の奥から奥までの距離を測り、現物に合わせて貫の長さを決める。すべての部材ができたら組み立てる。

座板を作業台に固定し、脚の1本を奥まで挿し込む。15mm径のドリルビットを水平に保ち、図面の位置に深さ25mmのホゾ穴を開ける。3本とも同様に行う。

*写真の角度ジグの代わりに、後述のラダーバックチェアやゴッホの椅子の作例にあるような簡易な角度定規でもよい。

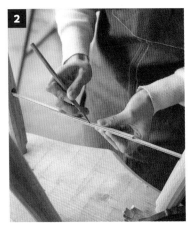

細い棒2本を使い、2本の前脚のホゾ穴の奥から奥までの距離を測る。

前脚同士をつなぐ貫を、測った距離よりも5mm長く切る。長く切るのは組み立てたときに突っ張らせるため。

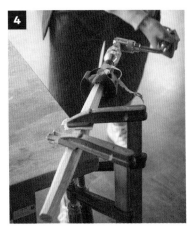

貫を作業台に固定し、両端に5/8インチ（15.9mm）径のテノンカッターで長さ25mmの丸ホゾをつける。

貫の中央に、15mm径のドリルビットで深さ15mmのホゾ穴を垂直に開ける。

前脚の貫のホゾを木槌で軽く叩いて木殺し（圧縮）してから、ホゾ穴に入れて組み、前脚の貫と後脚のホゾ穴間の距離を測り、短い貫も5mm長めに作る。

余った材から幅25mm、厚さ5mmの板を作り、先端をセンで削って長さ45mmのクサビを作る。

完成したクサビ。使用するのは3枚だが、組み立て途中で折れたりしても慌てないよう、もう1枚作っておくとよい。

座面の木目に直交する方向にクサビが入るよう脚の木口に線を描いておき（平面図参照）、脚を作業台に固定し、両刃ノコでホゾの2/3まで切り込みを入れる。

座板と脚のすべてのホゾ穴に、木工用接着剤を塗る。

＊P23では5/8インチ径のテノンカッターで加工したホゾを乾燥後に14mm径の穴に入れているが、この作例では材を乾燥させてからホゾ加工しているため、15mm径の穴を採用している。

組み立ては全体を同時に少しずつ叩き入れていく。ホゾ先が飛び出してもよいよう下に台を敷き、3本の脚を交互に叩く。

椅子を横に倒して、脚に当て木を当て、貫の上を叩いて奥まで入れる。**11**〜**12**を繰り返しながら組む。

クサビにはエポキシ接着剤を塗る。水性の木工用接着剤では、水分が急に吸収され途中で止まってしまうため。

木槌でクサビを叩き、なるべく奥まで入れる。

エポキシが固まったら、脚とクサビの飛び出した部分を切る。座板が傷まないように、牛乳パックに穴を開けてかぶせている。

残った部分を反り台ガンナで削って平らにする。木口を削るのは硬いので、少し水を付けて湿らすとよい。

組み立てが終わったスツールを平らな作業台の上に置き、それぞれの脚に、台と平行な線を鉛筆で引く。

線に沿って脚の下端をノコギリで切り、切った面を面取りする。

完成。よく乾いてからオイルなどを塗って仕上げるとよい。着色するのも楽しい。

マイク・アボットさんとラスバックチェア。2018年の再訪時に自宅の庭で。

2011年当時の森の中の工房。

工房には森に住み込みで働くインターン生たちがいた。いまではプロのグリーンウッドワーカーとして活躍する人も。

森で樹を収穫し、すぐ脇の工房で加工。このダイレクト感が楽しい。

Special topic
海外の椅子づくり講座に参加する

　グリーンウッドワークの椅子づくりを楽しみ始めたら、海外の椅子づくり講座にも参加してみることをお勧めしたい。言葉の壁はあるし費用もかかるので大変だが、やはり椅子の本場は欧米の国々。材料の加工法やさまざまな珍しい道具の使い方など、参考になることがたくさんある。グリーンウッドワークを趣味で楽しむ人はもちろん、プロの木工家にも得るものが多いはずだ。

マイク・アボット
【 Mike Abbott 】

　1980年代からイギリスのグリーンウッドワーク・ムーブメントをリードして、いまやレジェンド的な存在のマイク・アボットさん。イングランド中西部のウスターシャー州に自宅を構える。著者が2006年から日本でグリーンウッドワークの活動を始めるにあたり、基本を教えてくれたのがマイクさんだ。その後、2011年と2018年にも再訪した。

　マイクさんは近隣の森を地主から借りて、夏の間は大きなテントを張り、そこで椅子づくり教室を開いていた。テントの中には削り馬や足踏みロクロなどの道具が揃っていて、ミーティングやランチのための大きなテーブルも置いてある。森のあちこちに自ら建てたトイレや宿泊小屋なども散在する。受講生たちは小屋に泊まってもいいし、近隣のB&B（民宿）から通ってもいい。

　2011年に作り方を教わったのは冒頭写真の右側の椅子。マイクさんはラスバックチェア（lath＝薄い木片）と呼んでいた。簡単な流れの説明の後、「さあ、材料を伐りに行こうか」。森には樹齢約20年、根元の直径17〜18cmほどの若いアッシュが育っていて、その中の1本を伐らせてもらった。アッシュは成長が早く、割りやすく、曲げ木にも強い。水分の多い辺材が少なく樹皮のすぐ内側から使うことができる。グリーンウッドワークにはいいことずくめの樹種だ。この細めの丸太から、なんと8本の脚を取ることができた。

マイクさんの椅子づくりで印象的だったのが、1989年の初の著書『Green Woodwork』では足踏みロクロが表紙を飾っていたのに、その後、ロクロを使うのをほぼやめてしまったこと。理由はロクロで挽くと部材がまっすぐになってしまい、樹が育ったなりの形を活かせないから。だから2010年に出した3冊目の著書のタイトルは『Going with the Grain』(木目に沿って)なのだ。いまは丸棒の脚を作るときは右の写真のように、削り馬にまたがり、センで木目に沿って削りながら青いビニールパイプを切ったリングを通していく。「このリングが端から端まで通るように削ればいいんだよ」。わかりやすいやり方だ。

　削った後脚はすぐに蒸して曲げ木をする。そして貫や背の部材とともに、乾燥箱の中に入れる。ここには手前にかまどがあって、削り屑や端材を燃やして鍋を温めることができ、さらに温風が乾燥箱に入って椅子の部材を乾かすのだ。5日連続の講座で生木を削り始めて4日目には組み立ててしまうので、それまでにしっかり部材を乾かさなければならない。端材が熱源になる仕組みは、とてもよくできている。

　4日目の終わりに組み立てたフレームにオイルを塗り、最終日に座面を編んで完成。マイクさんの講座では色とりどりのペーパーコード(紙紐)を使うことが多い。私が受講したときはフレームをすべて組み立ててしまわず、左側と右側をそれぞれ組んだ状態でダンボールで梱包し、日本へ発送した。

　講座は朝9時から夕方6時まで。イギリスは夏は日が長いので、6時まで作業をしてもまだ昼のような明るさだ。作業を終えてから受講生が食材を持ち寄り、火を囲みながら夕食を取ったり、パブへビールを飲みに行ったりしたこともあった。観光地を巡る海外旅行もいいけれど、ものづくりが好きな人にとってはたまらない海外での過ごし方ではないだろうか。

　マイクさんは2015年に森の中の工房を引き払い「半引退宣言」をしたのだが、人に教える楽しさを忘れられずに、いまも自宅の庭で少人数を相手に教えている。レジェンド直伝の椅子づくり講座、興味ある人はぜひ門を叩いてほしい。

マイク・アボットさんのウェブサイト
「Mike Abbott's Living Wood」

リングを通しながら削れば、自然にGoing with the Grainになる。

蒸した後脚を型に沿わせて曲げる。

手前の箱は約60℃で貫を、奥の箱は約40℃で脚を乾かす。

組み立ては接着剤を使わないので、ギシギシ!と大きな音がする。

椅子の脚を挽く受講生たちとポール・ヘイデンさん。

ボウバックチェア（左）とコムバックチェア（右）。熟練者は他の椅子も選べるようだ。

椅子もランチもイギリス庶民の伝統を味わえる。

独創的な
足踏みロクロ。

ウェストンバート・ウッドワークス
【 Westonbirt Woodworks 】

　マイクさんからグリーンウッドワークを学び、「彼がラダーバックなら自分はウィンザーを」と工房を開いたのがポール・ヘイデンさん。この工房はなんと、240haの敷地に世界の2500種類の樹木が育つウェストンバート国立樹木園の中にある。園では年間500tもの樹木が剪定や伐採により更新される。その中からアッシュなどの椅子づくりに適した丸太を購入し、講座で使っているのだ。

　著者は2018年に講座を見学した。広々としたスペースに削り馬や足踏みロクロが並び、5人の受講生が脚を挽いている最中だった。ちなみにこのときは4人が女性。もちろん体力は要るけれど、老若男女誰でも楽しんでいるようだ。

　製作できるウィンザーチェアは主に写真左のボウバックと、右のコムバックの2種類。4月から9月まで講座が開かれていて、6日間で1脚を仕上げる。森の中で丸太を割り、削り馬で削り、足踏みロクロで丸棒の脚を挽いていくのは、まさに伝統的なウィンザーチェアの作り方だ。

　生木から部材を削るため、やはり講座の期間中にしっかり乾かさなければならない。ドラム缶を利用して自作した窯の中で乾燥させるのだが、ポールさんが笑いながら「ほら！」と取り出してくれたのは、ダッチオーブンで蒸し上がったホクホクのジャガイモ！　部材の乾燥をしながらみんなのランチもできあがる。私もバターをたっぷりかけて、おすそ分けをいただいた。

　ポールさんは部材を加工する道具にさまざまな独自の工夫を凝らしている。写真の足踏みロクロもそのひとつ。通常はロクロの前方に長い木の枝を斜めに立て、枝のバネを利用して足で踏んだペダルを戻すのだが、このロクロは本体に水平に取り付けた木のしなりを生かしている。だから場所を取らず、とてもコンパクトだ。

　樹木園や植物園とグリーンウッドワークの工房は、とてもよい組み合わせだ。来場者は森にも木にも親しむことができる。いつか日本でも実現したい！　そう思いながらポールさんの工房を後にした。

ウェストンバート・ウッドワークスの
ウェブサイト

紅葉が美しいノースカロライナの森に建つ工房。

ドリュー・ランズナー
【 Drew Langsner 】

　アメリカのグリーンウッドワークの第一人者が、ノースカロライナ州でカントリー・ワークショップスという工房を開いていたドリュー・ランズナーさんだ。2008年に岐阜県立森林文化アカデミーでラダーバックチェア講座を開いてくれたことを機に親交が始まり、翌年にウィンザーチェア講座を受けに行った。

　工房は美しい森の中にあった。6日間で製作するのは緑色にペイントされたボウバックウィンザー。オーク(ナラ)の丸太を割って背の棒を削り、パイン(マツ)の板の座面を削り、メイプル(カエデ)の脚を木工旋盤で挽き、最後に全体を組み立てる。各部で材の色が異なるため、アメリカのウィンザーはペイントすることが多い。

　ドリューさんは若い頃にヨーロッパ各地の工芸を見て歩き、帰国後に手工芸を教える工房を開いた。私見だが、イギリスのグリーンウッドワーカーからは木工を通じて自然と再びつながりたいという思いを感じ、環境問題への意識も高い。アメリカでは自然というより、ルーツであるヨーロッパの文化とつながろうという思いを強く感じるのだ。

アメリカのウィンザーはイギリスに比べ部材が細く洗練されている。

　椅子づくりの技術はイギリスとほぼ同じだが、ホゾの接合方法が大きく違う。アメリカではドリルで穴を開けた後、リーマーという道具で穴をテーパー状にする。そこへ同じテーパー状に加工したホゾを挿し込む。この形だと座面に重量がかかるたびにホゾが締まる。アメリカではやわらかいパインの座面を使うためホゾが緩みやすく、こうした工夫が生まれたのではないだろうか。

　敷地の中には受講生が泊まれるログハウスがあり、朝夕は広大な敷地を散歩して自然を満喫した。食事は、料理教室を開くほど料理上手な妻のルイーズさんが振る舞ってくれた。アメリカ人の普段の暮らしを味わうこともできる、忙しいけれど豊かな1週間だった。

チョウナで座面を削る。

　ドリューさんは2017年に工房を閉じて引退。かつてのアシスタント、ケネス・コートマイヤーさんがメイン州で主宰するメインコースト・クラフトスクールへ講座が引き継がれた。著者はまだ訪ねていないが、いずれ再び椅子づくりを学びに行きたいと思っている。

メインコースト・クラフトスクールの
ウェブサイト

リーマーで座面の裏からホゾ穴
をテーパー状に広げる。

椅子を作る ❸
ラダーバックチェア

背の部分がはしごのように見えることから、ラダー（はしご）バック（背）と呼ばれる。
背板や後脚を曲げて座り心地を高めていて、見た目にも美しく、
「グリーンウッドワークでこんな立派な椅子が?」と驚く人が多い。
曲げ木は大きな設備が必要と思うかもしれないが、そんなことはない。
椅子づくりの職人たちが昔から行ってきた、素朴な技法なのだ。

伝統的な椅子をリ・デザイン

デザインは、欧米で昔から作られてきた椅子をもとに改良したもの。背もたれ付きの椅子は前後方向に力がかかるため、側面は3本の部材で補強している。前は足を中に入れやすいよう部材を2本にしている。

木取り表（＊寸法の単位はmm）

部位	割る寸法	仕上がり寸法	数	記号
後脚	45角×900	35丸×820	2	Ⓐ
前脚	45角×480	35丸×452	2	Ⓑ
背	50×25×450	40×15×現物合わせ	2	Ⓒ
前座枠	50×30×450	40×20×440	1	Ⓓ
側座枠	50×30×450	40×20×380	2	Ⓔ
後座枠	50×30×450	40×20×350	1	Ⓕ
前貫	30角×450	20丸×440	1	Ⓖ
側貫（下）	30角×450	20丸×404	2	Ⓗ
側貫（上）	30角×450	20丸×392	2	Ⓘ
後貫	30角×450	20丸×350	1	Ⓙ

[平面図]

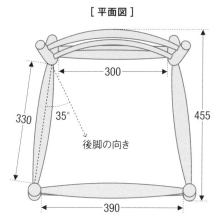

300 / 330 / 35° / 後脚の向き / 455 / 390

[チェアスティック寸法図]

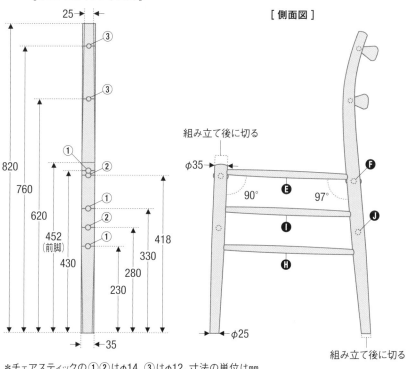

25 / ③ / ③ / ① / ② / ① / ② / ① / 820 / 760 / 620 / 452（前脚）/ 430 / 230 / 280 / 330 / 418 / 35

＊チェアスティックの①②はφ14、③はφ12。寸法の単位はmm

[側面図]

φ35 / 組み立て後に切る / 90° / 97° / Ⓔ / Ⓕ / Ⓘ / Ⓙ / Ⓗ / φ25 / 組み立て後に切る

[正面図]

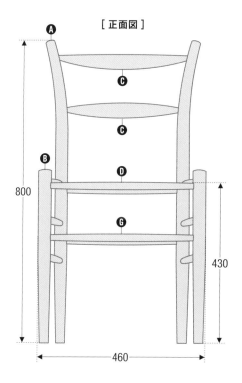

Ⓐ / Ⓒ / Ⓒ / Ⓑ / Ⓓ / 800 / Ⓖ / 430 / 460

使用する材料

直径20cm、長さ90cmのミズナラを使用。

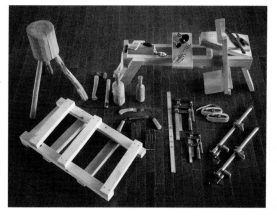

使用する道具

はつり台、こじり台、斧、マンリキ、木槌、ノコギリ、セン、クサビ、削り馬、手回しドリル、1/2インチ径・5/8インチ径テノンカッター、4mm径・12mm径・14mm径ドリルビット、南京ガンナ、ストレートナイフ、チェアスティック、Fクランプ、ベルトクランプ、パイプクランプ。その他、自作の角度定規などを使用。

そもそも木はなぜ曲がる?

　木材を鉄筋コンクリートに例えると、木材の3つの主成分は①セルロース＝鉄筋、②ヘミセルロース＝鉄筋を束ねる針金、③リグニン＝コンクリート、に例えられる。このうち②と③は熱で軟化するが、水分を多く含むほど低い温度でやわらかくなる。そこで木を温めて②と③がやわらかいうちに①を変形させ、冷やして乾燥させることで再び②と③を固めてしまうという技術なのだ（詳しくは、②は含水率20〜30%ほどのときに80〜100℃で、③はそれより低い温度で軟化する）。

　一概には言えないが、曲げ木は軽くやわらかい針葉樹よりも重く硬い広葉樹の方が向く。ブナやナラなどは特に曲げやすい。そしてカラカラに乾いた木より、ある程度水分を含む木の方が曲げやすい。乾いてしまった木を使うときは、1日水に浸けてから使うとよい。また、材料は薄いほど曲げやすい。材料が厚いとカーブの外側の長さと内側の長さが大きく変わり、外側が裂けたり、内側にしわが寄ったりするからだ。

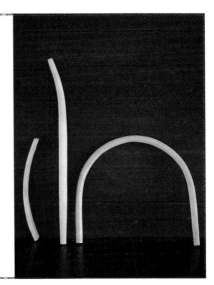

蒸し器を作る

曲げ木に欠かせない道具が、蒸し器。ホームセンターなどで入手できる12mm厚の合板で製作した。

木取り表

部位	寸法(mm)	数	記号
底板	150×370	2	Ⓐ
底板の羽根	75×160	2	Ⓑ
側板	126×900	2	Ⓒ
天板	150×900	1	Ⓓ
蓋(外)	150×150	2	Ⓔ
蓋(内)	126×126	2	Ⓕ
桟・棒	12×850	4	Ⓖ
棚板	50×120	8	Ⓗ
留め具	30×130	2	Ⓘ
留め具	12×40	2	Ⓙ

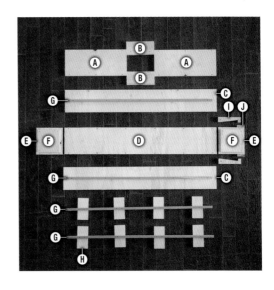

ドリルで下穴を開け、ビスで留めて箱を組み立てる。ビスは錆びにくいステンレスがよい。

底面は、鍋から蒸気が供給されるよう開けておき、側面から蒸気が漏れないよう羽根を付けている。手持ちの鍋に合わせて設計する。

箱の一方の端は丁番で留めて開閉できるようにして、反対側はビスで留めてふさいでしまう。

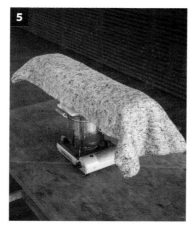

棚板は短い部材を箱の真ん中で蒸すときに使う。側板の内側には棚板を引き出すための桟がついている。蓋は蒸気を漏らさないよう合板を2枚重ねてある。

カセットコンロの上に鍋を載せ、その上に蒸し器をかぶせて使う。上に毛布などを載せると内部の温度がさらに上がる。

曲げ型を作る

曲げ木の際は、曲げる部材を仕上がり寸法より少なくとも50mm以上長く木取り、曲げる。端がうまく曲がらなかったり、木口から割れが入ったりするためだ。型もそれに合わせて長めに設計する。ヒノキなどの角材や合板で作るとよい。型から外すと少し曲げ戻るため、必要なカーブより少しきつめに設計する。

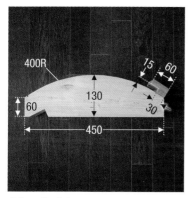

背板の曲げ型。15mm以下の薄い材ならこの型ひとつで曲げられる。本体はヒノキの角材、板を挿し込む部分はカシなどの硬い木で作る。型の幅は背板の寸法より少し広めに。

コンパスで半径400mmの線を描き、ジグソーやバンドソーで線に沿って切る。底面にクランプするための欠き取りをする。

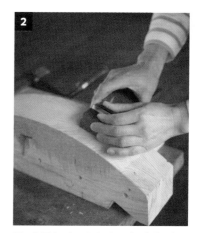

切った面を、カンナやサンダーなどでなめらかに仕上げる。

背板を挿し込む部分の木目は横向きだと弱いので縦向きに。ラダーバックチェアでは背板の端に1/2インチ（12.7mm）径のホゾを作るので、挿し込む部分は少し太めの15mmで設計。

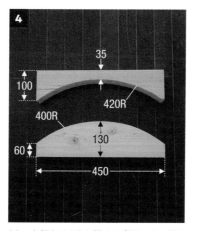

20mmを超えるような厚めの板は、オス型とメス型を作り、バイスやパイプクランプで締めるとよい。メスのRは板の厚みの分だけオスより大きく設計する。

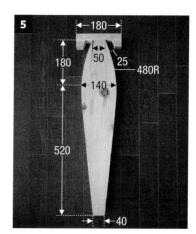

後脚の曲げ型。この型はひとつで2本の後脚を固定できる。先端は25mm角の材が挿し込めるようにする。

各部材を木取りする

木取りはまず、長く、太いものから取るようにする。脚をはじめに取り、次に幅の広い背板や座枠を取り、細い貫は最後に取る。

1 クサビを2本使い、木槌で叩いてまず半分に割る。半割りの丸太から前後4本の脚を取る。丸太を横倒しにして行ってもよい。

2 後脚のような細く長い材を割るときは、こじり台に材を挟み、マンリキの柄をこじって割れ目の進む方向をコントロールしながら割る。

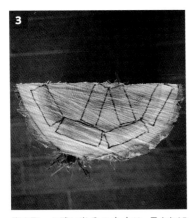

3 脚を取った残り半分の丸太は、長さを45cmずつに切る。2枚の背板は柾目で、4枚の座枠は板目で取る（P49の木目の図を参照）。

4 残りの45cmの丸太から貫6本を取る。

5 各部材を仕上がり寸法の長さに合わせて切る。ただし背板は曲げ木した後に、前脚は組み立てた後に切るため、どちらもそのままにしておく。

背板・後脚を曲げる

曲げ木の材料は、節や割れがないところを選ぶのが基本。節があるとそこで折れたり凹んだりするためだ。端から端まで繊維が通った材を作るには丸太を割るのがいちばんだが、うまく割れない場合はバンドソーなどでなるべく繊維に沿って切ってもよい。

1 長さ450mmの材を厚さ25mm、幅50mmほどで割り、削り馬に固定して、センで両面を平らに削る。幅も均等に揃える。

2 削れたら曲げ型に挿し込んでみて、両端とも無理なく奥まで入るかどうかを確認する。厚さ15mmになるまで削り直す。

棚板に材を載せ、蒸し器の中央付近で蒸す。目安は材の厚み1mmごとに1〜2分。15mmの背板なら20分ほど蒸せばよい。

温度計を蒸し器に挿し込んでおくと、中の温度を測ることができる。80℃以上であればよい。

背板を蒸し器から取り出し、曲げ型に挿し込む。熱いので必ず手袋を。板を下にして作業台に置き、体重をかけて曲げる。

端まで曲がったら、曲げ型からいったん外して反対側の端を挿し込み、再び曲げるとよい。両端とも同じ曲げ癖をつけるため。

曲げ型の欠き取った部分にクランプをかけ、作業台に固定する。この状態で1〜2日置いて冷やす。

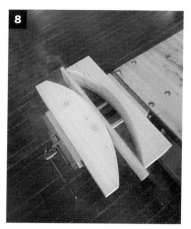

オス型とメス型を使用する場合は、バイスやパイプクランプで締めて曲げる。

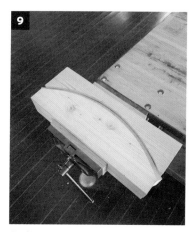

曲げ終わったところ。

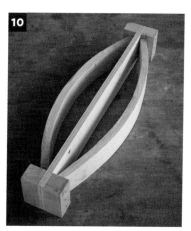

内側も乾かすため、曲げ型から外してパイプクランプなどを用いて乾燥用のジグにはめ直す。写真は2枚の背板を乾かしているところ。

前脚、後脚は45mm角で割ったものを、斧ではつって35mm角に近付ける。

12 削り馬に材料を固定し、センでまず全体を35mmの四角形に削り、さらに八角形にする。

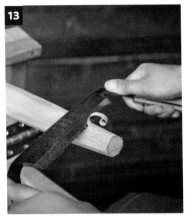

13 前脚は下端を、後脚は上端・下端を25mm角の先細りにする。チェアスティックに描かれたところから先を削って細くする。

14 曲げ型に上端を挿し込み、無理なく入るか確認する。入るまで削り直す。この時点で、後脚のどの面を前面にするか決め、印を付けておく。

15 蒸し器で2本一緒に40〜50分ほど蒸してから、作業台にバイスなどで固定しておいた曲げ型に材を挿し込み、ゆっくりと曲げる。

16 型に沿ってしっかり曲がったら、用意しておいた荷締め用のPPバンドを用いて型に固定する。クランプを用いてもよい。

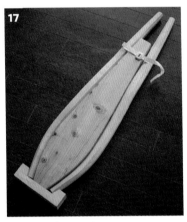

17 2本目も同様に曲げ、この状態でしっかり乾燥させる。冬ならストーブのそば、夏なら暑い室内に置くなど工夫する。乾燥が不十分だと曲げが戻るので注意。

18 しっかり乾燥させた後に後脚を型から外し、南京ガンナで全体を丸く削って仕上げる。前脚も同様に丸く削る。

座枠・貫の ホゾ加工をする

丸ホゾを作るテノンカッターは、5/8インチ（15.9mm）径を使用。ホゾの長さが25mmになるように事前にテノンカッターを調整しておく。

1 座枠はセンで平たい紡錘形に削る。ホゾになる部分はなるべく15.9mm角に近付け、八角形に削る。

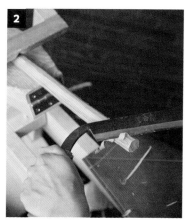

貫は20mm角の八角形に削る。

座枠・貫を作業台の角に写真のように固定し、手回しドリルに取り付けたテノンカッターで、材の両端にホゾをつける。

南京ガンナでホゾ部分以外を削って成形する。前後の座枠（**D**と**F**）は写真のように凹ませると座り心地がよい。成形後はよく乾かす。

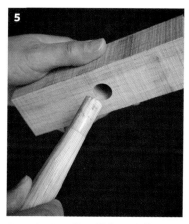

テノンカッターがない場合は、先端を南京ガンナで直径16mmほどに削り、よく乾かしてから直径14mmの穴（乾燥材）に回し入れると、木殺し（圧縮）されたホゾができる。

南京ガンナで削った薄い削り屑は、乾燥させてから保管しておく。座面を編む際にクッションとして中に入れる（後述）。

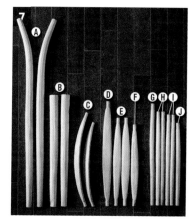

加工が済んだ部材を**A**〜**J**の順に並べたもの（**C**背板はまだこの時点では成形しない）。全部で16本の部材があるか確認する。

ホゾ穴を開け、側面を組む

穴開けと組み立ては2回に分けて行う。まず前後の脚をつなぐ貫の穴を開けて側面を組み、再び穴を開けて全体を組む。脚が乾くにつれてホゾを締めるので接着剤は用いない。

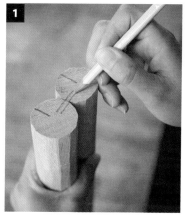

前脚の木口の木目を揃え、座枠・貫が入る方向へ印を付ける。1本の印を描いた方に側の座枠・貫（**E**、**H**、**I**）が入る。

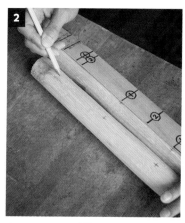

チェアスティックを使って、前脚の①のホゾ穴の位置に印を付ける。

3

14mm径のドリルビットの25mmの深さに油性ペンで印を付けておき、前脚を作業台に固定して、印の深さまで穴を開ける。

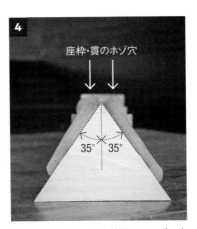

4

座枠・貫のホゾ穴

35° 35°

椅子の平面図を見ると後脚のカーブは内側を向き、座枠・貫とは35度の角度で交わっている。垂直に座枠・貫の穴を開けるために、後脚を35度回転させて固定する。

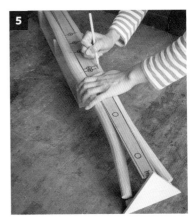

5

後脚は曲がっているので台の上に載せ、自作の定規を使って35度傾いた状態で固定。チェアスティックで①の穴の位置を描く。

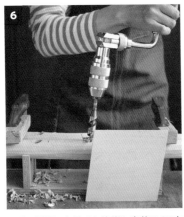

6

一方、側面から見ると後脚と座枠は97度で接合するため（側面図参照）、その角度の定規を作っておき、ドリルを傾けながら穴を開ける。

7

25mm

座枠や貫のホゾは、25mmのところに印を付けておく。組み立ての際にホゾ穴の奥までしっかり入ったか確認するため。

8

組み立ての際はホゾの形に注目。ホゾを上から見ると、乾いてだ円になっている。だ円が縦向きになるように組むことで、ホゾ穴の上下の壁がしっかりホゾを締め付ける。

9

座枠と貫を後脚に叩き入れた後、前脚に当て木をして木槌で叩く。

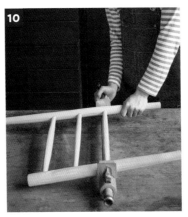

10

叩いて印のところまで入らない場合は、クランプで締める。

11

側面を組み終わったら、再びチェアスティックで②のホゾ穴の位置に印を付ける。

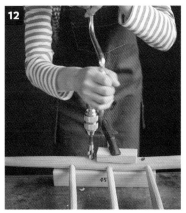

12 45mmの高さの台に後脚を載せて固定し、②のホゾ穴の位置に垂直に穴開けをする（45mmは、前貫と後貫の長さの差の半分）。

仮組みして
背板を加工する

曲げた後脚の形が左右で異なるなど、ここまでの加工の精度にばらつきがあるため、背板の正確な長さは実際に組み立てて測ってみないとわからない。そのため、仮組みを行う。

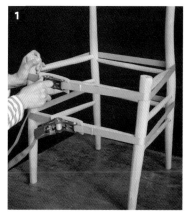

1 端材などで前後の座枠・貫（D、F、G、J）の細めのものを作っておき、ホゾ穴に挿し込んでベルトクランプで締め、仮組みをする。

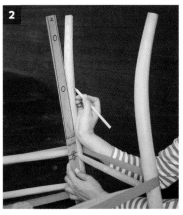

2 チェアスティックで背板のホゾ穴の位置（③）に印を付ける。

3 背板のホゾ穴の位置に合わせ、曲げて乾燥させておいた背板をゴムバンドで留める。

4 背板に平行に12mm径のドリルビットで深さ20mmの穴を開ける。ハンドルが部材にぶつからないよう、手回しドリルのラチェットを利用して往復させながら開ける。電動ドリルでもよい。

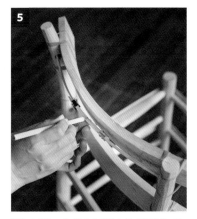

5 2枚の薄い合板や厚紙などを利用して、背板のホゾ穴に挿し込み、穴の端から端までの長さを測る。

6 測った長さを背板に描き写す。写真のように、背板の厚みの中央で測るようにする。上下の背板は長さが異なるので、それぞれ測り、描き写す。

7 背板2枚をそれぞれ必要な長さのところで切る。

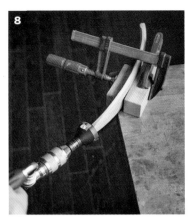

背板をセンで紡錘形に成形した後、作業台に写真のように固定して、1/2インチ（12.7mm）径のテノンカッターでホゾ加工をする。ホゾの長さは20mm。

直径12.7mm、深さ20mmのホゾができたところ。

背板を南京ガンナで成形する。

組み立てて仕上げる

組み立てる前に、背板のホゾは12mm、座枠と貫のホゾは14mmの穴を開けた端材（乾燥材）に回し入れて木殺しをしておくと、スムーズに組み立てができる。

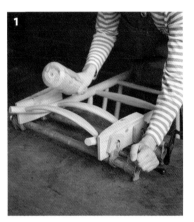

座枠・貫は当て木をして叩き入れ、必要に応じてクランプで締める。背板は当て木をして締めながら写真のように凸側を叩いてやるとよい。

背板が奥まで入ったら、後脚の裏側から背板のホゾを貫通するように4mm径のドリルビットで深さ20mmの穴を開ける。

抜け止めのピンをナイフで削って作り、叩き入れる。飛び出した部分をナイフで削って平らにする。

前脚は組み立ての際に割れないよう長めに残しておいたため、ホゾ穴の上端から15mmの位置で切る。後脚も座面を傾けるため下端を10mm切る（側面図参照）。

脚の上端・下端をナイフで面取りして仕上げ、フレームが完成。

帯鉄を使った曲げ木

本書では作例は紹介しないが、ウィンザーチェアの背や肘のようにきついカーブは、帯鉄という道具を使う。木は圧縮には強いが引っ張りに弱いため、カーブがきついと外側が引っ張られて裂けてしまうのだ。帯鉄の内側に材を固定して曲げることで、外側の長さを変えず、内側を圧縮して曲げることができる。

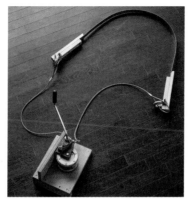

1250mmの材を曲げるため、長さ1750mm、幅30mmのステンレス板の両端に、250mmの取っ手をボルトで固定している。ひとりで作業するときにはウインチもあると便利だ。

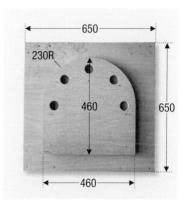

曲げ型は12mm厚の合板を3枚重ねて作っている。半径230mm。クランプを入れる45mm径の穴を複数開けている。

1 蒸し器に入れて、30〜40分蒸す（蒸し器は1250mmの材が入るサイズのものを製作する）。

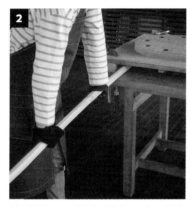

2 材が歪んでいる場合は蒸してから一度取り出し、写真のように力をかけて歪みを矯正する。再び蒸し器に入れてしばらく蒸す。

3 蒸し終わったら材をすばやく帯鉄に取り付け、中央をクランプで曲げ型に固定する。

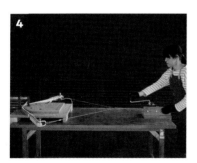

4 ウインチを回し、曲げ始める。型に沿って曲がったらクランプをかけていく。

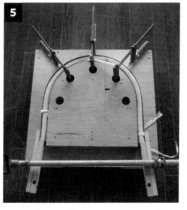

5 クランプをかけ終わったところ。この状態で1〜2日間置き、乾燥させる。

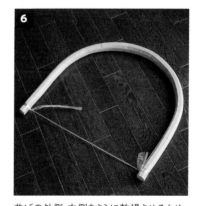

6 曲げの外側・内側をさらに乾燥させるため、帯鉄から外し、両端を紐で結ぶ。この状態でしっかり水分を抜き、曲げを固定する。

台形の座面を編む

ラダーバックチェアの座面は上から見ると台形なので、
左右の三角コーナーをどう編むかがポイントだ。
布テープとイグサ縄での編み方を紹介する。

使用する材料

イグサ縄は直径5mmの国産のもの。1巻150mの3/4ほどで1脚編める。布テープは幅25mm、厚さ2mmのアクリルテープ。縦横合計で25mほどで1脚編める。黒い布袋は自作で、蓋を閉じたときに40cm角になる大きさ。

使用する道具

ハサミ、ベルトクランプ、バネクランプ、カナヅチ、釘（10mm）、自作の竹ベラ。

布テープで編む

布テープは幅が広いので短時間で編むことができる利点がある。また、数十色から選べるので、1色で編んでもよいし2色を組み合わせるのも楽しい。座面の中には部材の削り屑を詰めてふっくらとさせ、座り心地を向上させている。

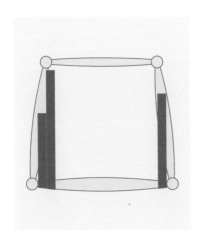

布テープの椅子は、編む途中で三角コーナーを短いテープでふさぐ。今回の作例では、左に2本、右に1本のテープを釘で留めている。

濃い色のテープを前後の座枠に1周させ、長さを測る。後座枠の幅は30cmなので25mm幅テープ12周分＋余分1周分の長さで切る。

ここから編み始め。向かって左奥の後座枠の端に、布テープの先端を釘で打ち付ける。

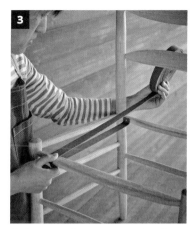

座枠を下から上へくぐらせながら、巻いていく。

半分を過ぎるところまで巻く。ここまでは強く引っ張らなくてよい。

布袋に乾かした削り屑のアンコを詰める。たっぷり詰めて蓋部分を折り込み、削り屑を手で押して潰しておく。

巻いておいた布テープの間に布袋を挿し込み、テープを最後まで巻く。ここで左端から順にテープを引っ張り直し、緩みを取り除いていく。

縦に12列巻いたら13列目の布テープを側座枠の一番奥の側面に釘で留める。余分は切る。

左右の三角コーナーをふさぐための短い布テープを用意する。向かって左側に2本、右側に1本必要。

左側の2本はそれぞれ側座枠の一番奥、中央の側面に釘で留め、右側の1本はその中間あたりに釘で留める。側面に留めるのは編み終えた後に目立たなくするため。

フレームを裏返し、テープ2本の方は側座枠の一番奥と中央に、1本の方は一番奥に、釘で留める。写真は1本の方を留めているところ。

薄い色のテープを座面の中央あたりで1周させ、長さを測る。側座枠の幅は33cmなので、25mm幅テープ13周分＋余分1周分で切る。

薄い色のテープを編む。端は釘留めせず、30cmほどバネクランプで留めておく。写真のように途中を二つ折りにして通していくと作業しやすい。

1列ごとに強く引っ張って緩みをなくし、前列との間隔を詰めながら編んでいく。表は濃淡が交互に来る市松模様。

フレームを裏返して裏を編む。縦列を2列ごとにくぐらせながら編むと作業が早い。写真は1列ずらしながら2列ごとに編む網代（あじろ）模様。

表の最後の列はきつくて編みにくいので、竹ベラを使って挿し込みながら編む。

フレームを裏返して裏の最前列を途中まで編み、布テープの端に結び目を作って余分を切る。

結び目を編み目の中に潜り込ませてしまう。クランプで仮留めしておいた編み始めも同様に編み、結び目を潜り込ませる（横列の布テープは釘留めしない）。

布テープ座面の椅子が完成（布テープの編み方は京都の家具工房UNOH・宇納正幸さんにアドバイスいただきました）。

表の編み上がり。市松模様。

裏の編み上がり。網代模様。

イグサ縄で編む

イグサは畳と同じ爽やかな香りが漂う。縄には土ぼこりがついていて手が荒れるので、写真では素手で行っているが、手袋をして編むとよい。

両端の三角コーナーを埋めるため、後座枠の左右に輪を作り、左の輪から始めて右の輪で終わるように編んでいく。

作業台にベルトクランプで椅子のフレームを固定する。小さい作業台の方がフレームに近付けるので作業しやすい。図のように後座枠の左右に、輪をひとつずつ作る。

縄を1mほどに切り、前の座枠の下から端を入れ、向かって左の輪に結びつける。

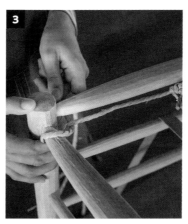

前座枠の下から上へくぐらせた後、直角に曲げて、前周の縄と側座枠の下をくぐらせる。

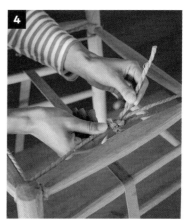

右側座枠の下から上へ、前座枠の下から上へと、図のように縄をくぐらせてゆき、右の輪に結んで、余分を切る。

2〜**4**の工程を繰り返し、前座枠と後座枠の縄の間の距離が同じになるまで続ける。

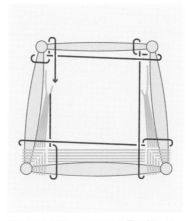

ここからは図のように四辺を順に編んでいく。

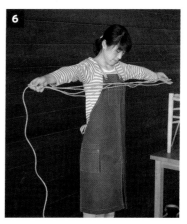

イグサ縄を5ひろほど取り、ハサミで切る。

7

縄の端を前座枠の下から入れて左の輪に結びつけ、もう一方の端を前座枠の下から上へ回し、しっかり引く。

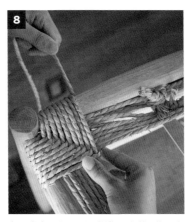

8

角で直角になるよう、親指と人差し指で角を押さえて折り目をつける。これを繰り返して編んでいく。

9

写真は図の左上に来たところ。右から来た縄を、側座枠の下から上へくぐらせ、後座枠の下から上へくぐらせて、手前の方へ引いている。

10

縄が短くなったら「はた結び」で継ぐ。写真左が新しく足した縄。座枠の近くではなく真ん中付近で継ぐようにして結び目を作り、余分は切る。

11

改めて3つのポイント。座枠を下から上へくぐらせて、ここで強く引く。

12

図の左下と右上の角では前周の縄が高い位置にあるため、いま編んでいる縄を下へ引っ張って交点を下げる。

13

縄が90度曲がるところを親指と人差し指でしっかり押さえ、折り目をつける。再び座枠を下から上へくぐらせる。

14

残りの幅が4〜5cmになったところで、アンコを詰める。短く切った縄の端切れを竹ベラで三角形のポケットに詰めていく。前・側・後それぞれのポケットに詰める。

15

竹ベラで縄を詰め、常に直角・平行を保ちながら編む。ときどき裏側も見て、直角・平行に編めているか確認する。

最後は先端を裏側へ通す。

ベルトクランプを外してフレームを裏返す。表から通した縄の端を、反対側の2本の縄の下をくぐらせて真ん中で結び目を作り、余分を切る。

イグサ座面の椅子が完成。

天然の草で座面を編む

　グリーンウッドワーク講座では縄状になった製品を使うことが多いが、もし素材が手に入るなら、素材自体で縄を綯いながら編んでいくのも楽しい。ヨーロッパの伝統的な椅子ではオオフトイやガマを用いていた。これらは日本にも育つ植物（草）で、かつては筵（むしろ）などを編むのに使われた。

　著者の働く岐阜県立森林文化アカデミーのすぐ近くの休耕田でも、オオフトイが自生しているのを見つけてみんなで収穫した。長さは3mもあり、断面を見るとスポンジ状のものがびっしり詰まっていてとてもやわらかい。これを一度天日で乾かし、編む前に再び水で戻して、2〜3本を束ねて編んでいくのだ。

　こうした素材の座編みを得意とする長野県大町市の山形英三さんに岐阜で収穫したオオフトイを送って試してもらったところ、品質がよく十分椅子の素材になるとのこと。岐阜産のオオフトイで子ども椅子を編んでもらったのが右の写真。ざっくりとしたイグサ縄と異なり、なめらかで優しい仕上がりだ。

　山形さんは自宅工房でフトイやシチトウイなどを使った座編み教室を開いている。また、岐阜で見つけたオオフトイは森林文化アカデミー卒業生の内藤光彦さんが活用していて、岐阜でも座編みを体験できる（詳細はP129参照）。

オオフトイの自生地。

中はスポンジ状。

2〜3本をまとめて編む（山形英三さん提供）。

子ども椅子（山形英三さん作）。

椅子を作る ❹
ゴッホの椅子

スペイン・アンダルシア地方で作られてきた素朴な椅子。
1960年代に陶芸家・濱田庄司が日本に紹介し、
木工芸家・黒田辰秋が「民藝椅子の横綱」と呼んだ椅子だ。
小径木をセン1本で削って作る、当時の作り方を再現した。

民藝の人々が愛した椅子

　このスペインの民芸椅子は、木工芸家で後に人間国宝になる黒田辰秋（1904-1982）が関心を持ち、日本で「ゴッホの椅子」と呼ばれるようになった。黒田は若い頃に柳宗悦らの民藝運動に加わり、普段使いの暮らしの道具に美を見出そうとした。後に宮内庁から皇居の椅子の設計を頼まれたとき、黒田は椅子の原点を見たいとヨーロッパへ渡り、この椅子の製作工程をつぶさに見て帰ってきた。1967年のことだ。

　この椅子は生木をセンで削るグリーンウッドワークの技法で作られていて、素朴な姿に今もファンが多い。曲げ木がないので作りやすく、グリーンウッドワークの講座で人気のアイテムだ。

[平面図]

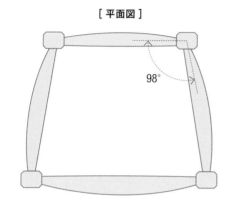

98°

木取り表

部位	仕上がり寸法（mm）	数	記号
後脚	45×35×800	2	Ⓐ
前脚	45×35×450（後で425に切る）	2	Ⓑ
上背板	45×20×350	1	Ⓒ
中背板	40×20×330	1	Ⓓ
下背板	35×20×317	1	Ⓔ
前座枠	40×20×390	1	Ⓕ
側座枠	40×20×317	2	Ⓖ
後座枠	35×20×300	1	Ⓗ
前貫	25×20×390	2	Ⓘ
側貫	25×20×317	4	Ⓙ
後貫（上）	25×20×285	1	Ⓚ
後貫（下）	25×20×270	1	Ⓛ

＊太い材料から作る場合は、幅、厚みとも10mm程度加えた
寸法で割る

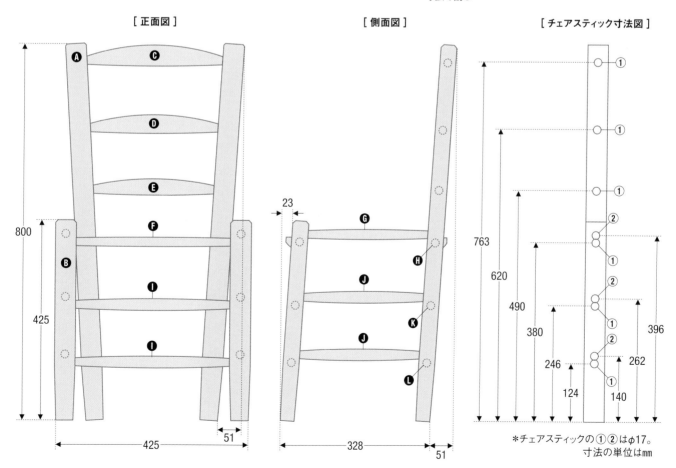

[正面図]　　[側面図]　　[チェアスティック寸法図]

＊チェアスティックの①②はφ17。
寸法の単位はmm

ゴッホの椅子を観察する

　写真の椅子は、1960年代に実際にスペインで作られていたものだ（座面は新しく編み直したもの）。この椅子をよく観察すると、いろいろな特徴があることがわかる。

　木材は芯から放射状に割れが入ることが多いため、家具づくりのときは芯を避けて木取りをするのが普通だが、この脚の木口を見ると芯持ちで小径木の樹皮を削っただけで作られているようだ。

　いちばん上の背板と後脚との接合部分は、抜けないよう木釘で留めてある。背板の裏側は大きく面取りされている。

　脚と脚をつなぐ貫は、小径木を四つ割りにして粗く削ったものだ。削りに勢いが感じられて美しい。いちばん下の側貫と脚の接合部分にも木釘が打ってあり、抜けないようにしている。どうやら接着剤を用いていないようだ。

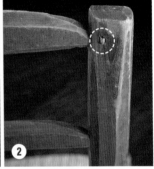

使用する材料

直径5〜7cm、長さ1mの小径木が5〜6本あれば作ることができる。なるべく通直で節の少ないものがよい。写真はエゴノキ。座面にはイグサ縄を使用。

使用する道具

木槌、斧、ノコギリ、セン、ストレートナイフ、5mm径・17mm径ドリルビット、手回しドリル、クランプ、削り馬、自作のホゾゲージ、角度定規、チェアスティック。

背板・座枠・貫
を削る

いちばん通直な材は脚用に取っておき、残りを短く切って他の部材を木取る。Ｆ（前座枠）とＩ（前貫）など、同じ長さの部材をまとめて木取るとよい。

背板や座枠を作るため、所定の長さで材料を切る。

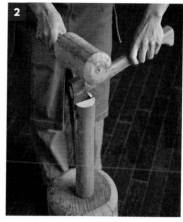

斧を木槌で叩き、半分に割る。

削り馬に固定し、センで厚さ20mmに削る。幅は背板・座枠の部材ごとに指定の幅で削る。

背板・座枠の両端に幅19mm、長さ27mmのホゾを描き、ホゾとホゾの間を円弧で結ぶ。

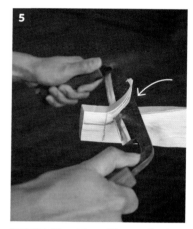

輪郭線に沿ってセンで削る。ホゾの部分は、まず写真のように何回も切り込みを入れる。

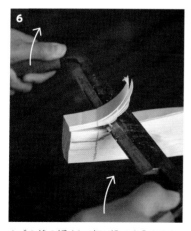

ホゾの線の近くまで切り込みを入れたら、センの柄を上へ起こすように動かすと切り込みの先が木目に沿ってはがれる。何度か繰り返す。

オリジナルの椅子のように、背板や座枠の裏側をセンで大きく面取りする。背板と座枠の形はほぼ同じだ。

貫は、1/2に割っておいた材料を斧でさらに半分に割る。

9 センで削り、幅25mm、厚さ20mmの棒にする。中央はやや太めでよい。

10 貫の先端は八角形に削る。

11 背板・座枠・貫ともに、ホゾは自作のゲージで幅19mm、長さ27mmになっていることを確認する（ホゾは乾燥後に細く削り直す）。

12 背板・座枠・貫は、組み立て後にホゾが縮んで緩むのを防ぐため、ストーブの近くなど暖かい場所に置いてよく乾かす。

脚を削る

オリジナルの椅子は、芯持ちの木を脚に使っている。この程度の小径木なら放射状に割れは入りにくい。ただし樹種にもよるので、事前に数本を乾かして割れるか確かめてみるとよい。

オリジナルの脚の木口を見たところ。成長の早い小径木の樹皮を削っただけで作られているようだ。

1 後脚は800mm、前脚は組み立てた後で上端を切るため少し長めの450mmで切る。削り馬に固定し、センで削る。

2 幅45mm、厚さ35mmの長方形に削り、さらに面取りして八角形にする。脚の下端はわずかに先細りにする（P85図面参照）。

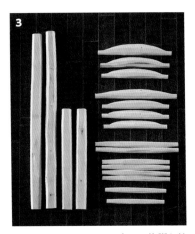

3 全部材ができあがった。左から後脚と前脚。右上から背板（3本）、座枠（4本）、前貫（2本）・側貫（4本）・後貫（2本）。

穴を開け、
組み立てる

一般的なラダーバックチェアで
はまず側面（前脚と後脚）を組む
が、ゴッホの椅子はまず前脚どう
し、後脚どうしを組んでから全体
を組み立てる。この椅子は側面
がねじれているため、その方が
組み立てやすいのだ。

自作のチェアスティックを用いて、寸法図
の①の穴の位置を前脚の側面に描き写
す。

前脚を作業台に固定し、17mm径のドリル
ビットで垂直に穴を開ける。深さ27mmにな
るようビットに油性ペンで線を引いておく。

穴を開け終わったら、定規で深さ27mmに
なっているか確認する。

後脚は下端を51mm上げて穴を開ける。自
作の51mmの台の上に載せ、クランプで固
定する。

チェアスティックで描き写した位置に、垂
直に深さ27mmの穴を開ける。

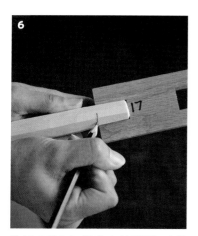

乾かした後のホゾのサイズを確認し、自作
の17mmのゲージに入るよう削り直す。先
細りにならないよう注意。深さ27mmのとこ
ろに印を付ける。

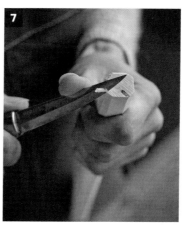

背板・座枠・貫のホゾは、先端が穴に入り
やすいよう面取りをしておく。この面を「入
り面」という。

貫を脚に叩き込んで組み立てる。後で脚
が乾いて締まるので接着剤は用いない
が、叩き入れてみて緩いと感じる場合は
接着剤を用いた方がよい。

17mmの八角形に削ったホゾが、17mm径の丸い穴にすき間なくしっかりはまっていることがわかる。

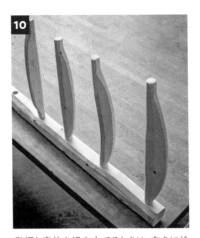

背板と座枠を組み立てるときは、向きに注意する。背板は面取りしてある方が裏、座枠は面取りしてある方が下だ。

当て木をして後脚を叩く。いちばん長い背板をホゾ穴に合わせて叩き入れ、順番に穴の位置を合わせて叩いていくと組みやすい。

全体が組めたら、作業台の上に置いてねじれがないか確認する。ねじれていたら写真のようにひねって矯正する。

前脚どうし、後脚どうしを組んだものが完成。

再びチェアスティックを用いて寸法図の②の穴の位置を前脚・後脚に描き写す。

後脚は下端を51mm上げて、98度の角度定規を置き、定規と平行に穴を開ける。

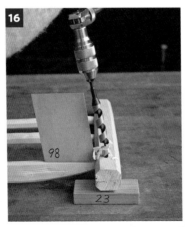

前脚は上端を(下端ではない)23mm上げて98度の角度定規を置き、穴を開ける。角度定規の向きは後脚と逆なので注意。

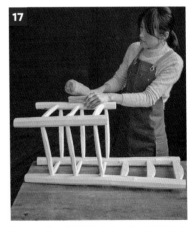

側の座枠、貫を叩き入れ、全体を組み立てる。

18

前脚の上端を425mmの長さに切り直す。組んでから切るのは、木口近くの穴に座枠を叩き込んで前脚が割れるのを防ぐため。

19

組んだ椅子を体で固定して、脚の上端をセンやナイフで面取りする。

20

5mm径のドリルビットに深さ30mmの印を付け、いちばん上の背板のホゾを貫通するように穴を開ける。いちばん下の側貫 Ｊ の両端も同様に穴を開ける。

21

端材を斧やナイフで割り、5mm角の木釘を作る。

22

胸開き削りでまっすぐに削る。先端は穴に入りやすいよう面取りしておく。

23

穴を開けたところに木釘を叩き込む。飛び出した木釘はノコギリで切り、ナイフで平らにする。

24

イグサ縄で座面を編む。編み方はP81〜を参照。

25

ゴッホの椅子が完成。浅めの座面、直立した背は、ちょっとした作業時に腰かけるのに向く。飾っておくのも可愛らしい椅子だ。

グラナダの街の高台からアルハンブラ宮殿を望む。

グラナダで出会った椅子職人と黒田辰秋（1967年撮影）。

フラメンコ劇場にはこの椅子がびっしりと並ぶ。

椅子とともに立つフラメンコ歌手マリア・ラ・カナステラの像。

＊1967年の写真は黒田乾吉、それ以外はNikolai Arsentiev撮影

Special topic
ゴッホの椅子の故郷を訪ねる

　著者は2015年にゴッホの椅子の故郷、スペインのアンダルシア地方を訪ねた。1967年に黒田辰秋が旅した足跡を辿るためだ。当時、黒田は息子・乾吉と日本人留学生の通訳を伴い、まずグラナダに向かった。グラナダは世界遺産のアルハンブラ宮殿で有名な、イスラム教、ユダヤ教、キリスト教の文化が混在した街だ。

　ここで黒田は椅子づくり職人の工房を探し当て、工程をつぶさに観察している。8ミリフィルムカメラを持参してたくさんの動画と写真を撮った。この職人は、木を切るためのノコギリと、押しても引いても使うセン、穴を開ける手回しドリル、組み立てるカナヅチ、たった4つの道具だけで椅子を組み立ててしまうのだ。たくさんの手道具を駆使して精緻な木工や漆の作品を作り続けてきた黒田は唖然としたに違いない。

　皇居の椅子を設計するための下調べが、こんな素朴な椅子だったというのも興味深い。黒田はスペインを訪ねた後に書いている。「椅子の生活の無かった日本に、椅子の伝統の生まれる理由はなく、その都度、伝統の無い力の弱さを思い知らされ」ると。物を作るときには思いつきで作ってはだめで、自分の国で昔から作られてきた物をよく学び、その土台の上に自らの創造を重ねるという考え方だ。日本には椅子の土台がなかったから、はるばるスペインまで学びに行ったのだ。

　これは現代の海外のグリーンウッドワーカーたちの考えとも通じるところだ。欧米の一流のグリーンウッドワーカーたちは、その土地で人々が普段使いにしてきた暮らしの道具を実によく勉強していて、そこから新しいグリーンウッドワークの作品が生まれている。

　グラナダは、フラメンコ発祥の地としても有名だ。街の郊外に岩盤に横穴を掘って作った劇場がいくつもある。これらのフラメンコ劇場にびっしり並ぶのがこのタイプの椅子なのだ。洞窟は、この地域ではかつて人々の住居だった。狭い室内で壁にぴったり寄せて使うために、この地域で作られてきた椅子は背が真っすぐなのかもしれない、と考えたりした。

　フラメンコにはこの椅子が欠かせない小道具であるらしく、グラナダの街の中心部には椅子に手をかけて立つ有名なフラメンコ歌手の銅像が飾られている。

黒田たちが次に訪れたのがグアディスだ。ここはグラナダから東へ60kmほどのところにある町で、陶芸家の濱田庄司が先に訪れて椅子づくり職人たちの手際のよさに感動し、黒田にぜひ見てくるよう勧めたところだ。

グラナダからの道中、あちこちにまっすぐ育つポプラの植林地があった。アンダルシア地方は地中海性気候のため雨が少なく、乾いた土地に育つことができるのはごく一部の樹木しかない。ポプラはそのうちのひとつで、これこそがゴッホの椅子づくりに使われた材料なのだ。成長が早いので、わずか5〜6年で椅子の材料になる。家具の他にも住宅の建材にしたり、さまざまな用途に使うのだという。

町で椅子づくりが始まったのは17世紀頃という資料もあるが、はっきりしたことはわからない。黒田が訪れた1960年代には12軒もの椅子工房があったという。著者が訪ねた2015年には、当時を知る現役の職人はたったひとり残るだけだった。それがマノロ・ロドリゲス・マルチネスさん。彼はなんと12歳のときに椅子職人になり、椅子づくり一筋に働いてきた。黒田の一行が訪れたのは隣の工房で、当時15歳のマノロ少年は日本からの珍しい来訪者のことを覚えていた。

マノロさんは著者が訪れたときには福祉施設の作業所で木工の指導員として働きながら椅子を作っていて、その翌年に65歳で引退した。椅子づくりは一部が機械化されたが、マノロさんから若い指導員に技術を伝えていたので、いまも作業所では椅子が作り続けられているはずだ。

町の博物館には椅子づくりの歴史に関わる展示が一切なく、地元の人々は椅子の町だったことを忘れかけていたようだった。かつて黒田辰秋が皇居の椅子づくりの下調べにグアディスを訪れたことを伝えると、学芸員がとても興味を持ってくれた。そして翌年、マノロさんが引退する日に合わせてサプライズの企画展を開いたのだ。企画展のタイトルは「皇居の椅子—グアディスと日本1967-2016」。町の椅子づくりの歴史、黒田辰秋の訪問、その後の黒田による皇居の椅子の製作などの物語が展示で伝えられ、グアディスの市長や椅子職人の家族たちが出席して開会を祝い、黒田の孫・悟一さんからのビデオメッセージも披露された。

著者とゴッホの椅子との出会いは、グリーンウッドワークの講座のために生木で作る椅子を調べ始めたこと。それが黒田辰秋によるスペインへの旅と皇居の椅子の物語につながり、グアディスの町の最後の椅子職人につながり、町の人々が椅子づくりの歴史に再び光を当てることにつながった。そして日本では、ゴッホの椅子づくりが人気の講座として定着した。そのきっかけを作れたことを嬉しく思っている。

グアディスの町の郊外。

黄葉が美しいポプラの林。

ゴッホの椅子と黒田辰秋の物語は『ゴッホの椅子』(誠文堂新光社刊)に詳述した。

1967年に黒田辰秋が撮影した、グラナダの椅子職人の動画。

1979年のスペインのテレビ局の番組に登場するマノロ青年。あまりの手の早さに驚かされる。この頃には接着剤が使われていたようだ。

12歳と64歳当時のマノロ・ロドリゲス・マルチネスさん。

椅子を作る ❺
ウィンザーチェア

板の座面に、丸棒の背や脚の部材を挿して作る椅子のことを、
イギリスの地名にちなみウィンザーチェアと呼ぶ。
森の中で生木を削る、グリーンウッドワークの手法で作られていた。
かつて農民たちが自分で使うために作った、民衆の椅子だ。

クラシックな椅子をポップにアレンジ

　ウィンザーチェアにはさまざまなタイプがあり、今回のデザインは背が櫛形（水平の笠木と垂直のスピンドルで構成）なのでコムバック（櫛形の背）という。また脚どうしをつなぐ貫がなく、まっすぐな棒で構成されるので、スティックチェアという呼び名もある。17世紀から作られてきたクラシックな椅子だが、今回は笠木の形や脚・スピンドルの着色でポップに味付けをしてみた。

木取り表（＊寸法の単位はmm）

部位	割る寸法	仕上がり寸法	数	記号
座板		45×450×450	1	Ⓐ
笠木	30×90×500	20×80×480	1	Ⓑ
脚	55角×500	45丸×450	4	Ⓒ
スピンドル（短）	30角×350	20丸×現物合わせ＊	1	Ⓓ
スピンドル（中）	30角×350	20丸×現物合わせ＊	2	Ⓔ
スピンドル（長）	30角×350	20丸×現物合わせ＊	2	Ⓕ

＊この作例では Ⓓ＝326mm、Ⓔ＝329mm、Ⓕ＝337mm

[平面図]

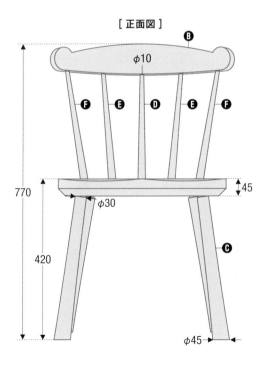

[座板に穴をあける位置と方向]

＊赤点はスピンドルの穴、青点は脚の穴を表す

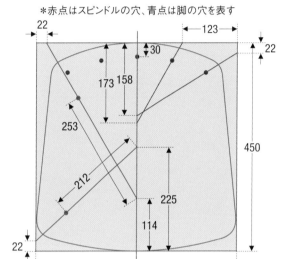

[正面図]

[側面図]

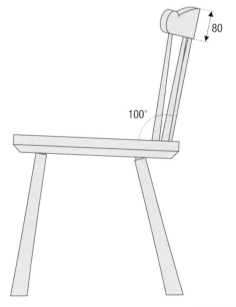

＊寸法の単位はmm

使用する材料

直径15cmと12cm、長さ50cmのヤマザクラを笠木、脚、スピンドルに使用。厚さ4.5cm、幅15cm、長さ45cmのクリの板3枚を座板に使用。直径20cmのクリをバンドソーで挽いて乾かしたもの。

使用する道具

木槌、クサビ、穴開け角度ジグ、セン、南京ガンナ、ストレートナイフ、罫引、反り台ガンナ（粗削り用・仕上げ削り用）、平ガンナ、手回しドリル、1インチ径テノンカッター、10mm径・20mm径・25mm径ドリルビット、カナヅチ、両刃ノコギリ、クランプ、木工バイス、パイプクランプ、ジグソー、削り馬。他に接着剤、曲げ木ジグなどを使用。

板をはぎ合わせ、座板を作る

幅45cmの一枚板があればそのまま使えるが、今回は幅15cmの板3枚をはぎ合わせる（幅方向に接着する）。板は1年ほど自然乾燥させたものを使いたい。

クリの板3枚の並び順を決め、はぎ面をカンナがけする。板は木表（樹皮に近い方）を上にして使うとよい。

クランプで3枚を挟み、はぎ面に木工用接着材を塗る。

パイプクランプを上下両側からかけて締め付ける。目違い（段差）がなるべく出ないように調節する。所定の時間乾燥させる。

原寸大に印刷した図面を当て、座板の輪郭、前脚・後脚の位置と方向を示す線（P95の図の青い線）を描き写す。

自作の穴開け角度ジグを110度にセットし、25mm径ドリルビットを取り付け、後脚の位置と方向の線に合わせて貫通穴を開ける。

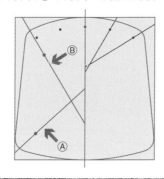

6 穴を貫通させるため、バリが出ないよう座板の下には合板を敷き、こじり台の上に置いてクランプしている。前脚は100度にセットして開ける。

脚の角度について

座面と脚の角度はP95の正面図・側面図には現れない。前脚・後脚をそれぞれⒶの方向、Ⓑの方向から見た角度が100度、110度になる。

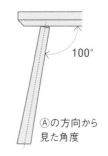

100°　　110°

Ⓐの方向から見た角度　　Ⓑの方向から見た角度

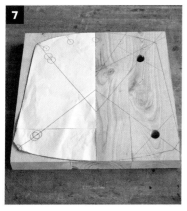

7 脚の穴が開いたら再び図面を当て、背のスピンドルの位置と方向を示す線（P95の図の赤い線）を描き写す。写真でも赤線で描いている。

8 座板と同じ厚さの板の上に角度ジグを固定し、20mm径ドリルビットを取り付け、前脚と同じ100度で5ヶ所に穴を開ける。深さは30mm。

9 穴を開け終わったら、ジグソーやバンドソーで座板の輪郭に沿って切り抜く。

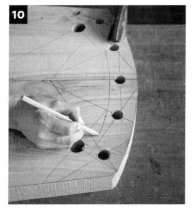

10 スピンドルの穴の10mmほど手前に、座面を削る際の境界線を描く。スピンドルを挿す部分は反り台ガンナで削らない。

11 座板を作業台に固定し、粗削り用の反り台ガンナ（厚い削り屑が出るよう刃口を大きく開けたもの）で木目に対して横削りする。

12 座骨が座板に当たる付近をいちばん深く削る。深さは好みで、座板の厚みの半分までを目安に。木目に沿って仕上げ削りをする。

13 座板の側面と裏面に罫引で面取りするための線を引く。厚みの半分かやや少ない程度。面取りを大きくするほど軽く、薄く見える。

14 座板の裏を上にして作業台に固定し、罫引で描いた線に沿ってセンで大きく削る。

15 センで削った面を南京ガンナで仕上げる。ジグソーで切った側面も南京ガンナで仕上げる。

16 裏面は反り台ガンナで横削りしてはぎ合わせの目違いを消し、整える。表面のスピンドルを挿す部分は平ガンナで平らに仕上げ、座板が完成。

笠木・脚・スピンドルを作る

これらの部材は、生木を割り、削りながら乾かしていく。組み立てる前にはしっかり乾いた状態にする。

1 太い方を4等分に割って脚を4本取る。細い方を半分に割って一方を笠木（背板）にし、残りでスピンドルを作る。

2 笠木は幅90mm、厚さ25〜30mmになるように割り、削り馬に固定してセンで幅80mm、厚さ20mmに削る。

3 蒸し器に入れて1時間ほど蒸す。曲げ木の道具や方法についてはP68〜を参照。

4 蒸し終わったものを曲げ型にはめて曲げる。クランプで固定して1〜2日置く。

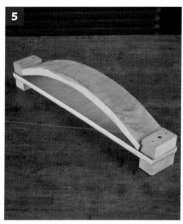

5

内側も乾かすため、曲げ型から外して乾燥用のジグにはめ、ストーブの近くなど温度の高いところで1～2週間乾かす。

6

4等分に割っておいた脚を削り馬にセットして八角形に削る。今回は下へ行くほど太く、下は45mm、上は30mmの八角形に削る。削った後はよく乾かす。

7

乾かした後、30mmの八角形に削った先端に、1インチ（25.4mm）径のテノンカッターで丸ホゾを付ける。ホゾの長さは50mmにする。

8

丸ホゾを付けたら、南京ガンナで脚の形を整える。八角形の角を削り十六角形にする。丸ホゾとの段差（胴付き）は残しておく。

9

スピンドルの材は約350mmに切り、よく乾かしてからセンと南京ガンナで成形する。一方の端を直径20mm、他方を10mmに削る。

10

端材に20mm径と10mm径のドリルビットで穴を開けておき、はめ合いを確かめる。強くねじ込んで奥まで入る程度に。

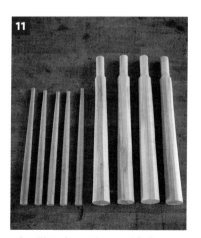

11

4本の脚と5本のスピンドルが完成。

全体を組み立てる

まず座板と脚を組み立て、突き出た丸ホゾを切って仕上げた後、笠木とスピンドルを組んで座板に叩き入れ、完成させる。

1

座板に脚を挿し、脚の正面の木目が板目になるよう揃え、木口にクサビを入れる線を引く。線は座板の木目と直交するように（P95平面図参照）。

いったん脚を座板から抜き、バイスに脚を固定して、クサビを入れるための切り込みを入れる。ノコギリの縦挽き目でホゾの長さの2/3まで入れる。

座板のホゾ穴に木工用接着剤を塗る。

脚の向きを確認してホゾ穴に入れ、カナヅチで叩いてしっかり奥まで挿し込む。

あらかじめ作っておいたクサビにエポキシ接着剤を塗る。クサビは厚さ5㎜、幅25㎜、長さ45㎜。

切り込みにクサビを挿し、カナヅチで叩く。クサビが動かなくなるまでしっかり叩き入れる。

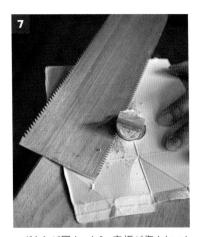

エポキシが固まったら、座板が傷まないように穴を開けた牛乳パックをかぶせ、飛び出した部分をノコギリの横挽き目で切る。

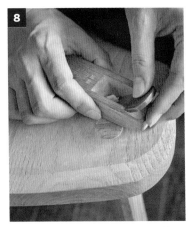

残った部分を反り台ガンナで平らに削る。木口は硬いので、少し水を付けて湿らせるとよい。

乾燥用のジグから外した笠木の表面を、南京ガンナで削って仕上げる。

座面にスピンドルを挿し、クランプで笠木を仮留めして、スピンドルのホゾ穴の位置と向きを示す線を描く。スピンドルにも笠木に入る部分に境界線を描いておく。

11

笠木を作業台に固定し、手回しドリルに10mm径ドリルビットを取り付け、描いた線の方向に深さ20mmのホゾ穴を開ける。

12

笠木をジグソーやバンドソーで好みの形に切り、南京ガンナやストレートナイフで仕上げる。

13

スピンドルを適切な長さに切り、座板と笠木のホゾ穴に接着剤を塗り、スピンドルを挿して全体を組み立てる。

14

平らな作業台の上に置き、それぞれの脚に台と平行な線を引く。

16

完成。スピンドルや脚に着色する場合は組み立て前に塗る。全体を組んだ後にオイル等を塗って仕上げる。

15

線に沿ってノコギリで切る。切った後はナイフで面取りをしておく。

樹の一脚展 〜人の営みと森の再生〜
2021/2/5〜3/31 ギャラリーエークワッド（他3ヶ所巡回）
樹の一脚展実行委員会（代表・迎山直樹）
（撮影：光齋昇馬）

Special topic
地域材利用の
ムーブメントと
「樹の一脚展」

急斜面を這うように根が広がる六甲山の森。
（撮影：賀來寿史）

地域材利用に取り組む神戸市の製材所。
（撮影：賀來寿史）

畑のすぐ隣に広葉樹の森が広がる埼玉県の三富地域。

「この椅子展は、これから木工家が地域材を使っていくという決意表明だよね」。

2021年2〜3月、東京で「樹の一脚展　〜人の営みと森の再生〜」という椅子の展示会が開かれた。あいにくコロナの猛威の真っ只中と重なってしまったが、全国の30組の木工家たちが同じ森の樹木から椅子を作り1脚ずつ展示するという、意欲的でユニークな試みだった。使用したのは神戸市の六甲山と、埼玉県三富地域（川越市、所沢市、狭山市、ふじみ野市、三芳町にまたがる地域）の樹で、ヤマザクラ、コナラ、ハンノキ、ヤシャブシ、クマシデ、ホオノキ、アオハダ、ムクノキなど。普通は家具には使わないものも含まれる。

実行委員会のメンバーのひとりが語ったのが冒頭の言葉だ。地域の材を使うのに「決意表明」とは大げさに聞こえるかもしれないが、実は木工家たちはこの数十年、外国から輸入された木材を家具製作に使ってきた。北米からチェリーやウォールナット、ロシアからオーク、ヨーロッパからビーチなど、幅が広く均質で使いやすい材が入るようになり、国産材からそちらへ流れてしまったのだ。

一方、全国各地では森の荒廃が叫ばれ、倒木や獣害などにより人々の暮らしに影響が及び始めた。都会でも団地に植えられた樹木や街路樹が育ちすぎて伐採され、「産業廃棄物」として捨てられる事例も出てきた。そこで地域の木工家に協力を求める声がかかり始めたのだ。

里山の樹木や街路樹などは、決して木工に使いやすいものではない。細すぎたり、曲がっていたり、節が多かったり、虫食いや腐朽があったりして、歩留まりが悪くコストがかさむ。しかし木工家はそれらの木の癖を読み、小物や家具づくりに活かすとともに、地域の森に手を入れ木を使うことの意義をユーザーに語れる力を持っている。その責任を感じ始めたからこそ、冒頭の決意表明という言葉

が出たのだった。

　地域の森の姿は実にさまざまだ。著者も実行委員のひとりとして、六甲山と三富地域の森を見学してきた。六甲山は明治時代に市が災害防止のために植林を始めたという歴史を持ち、急な斜面を這うように樹々が根を張っていた。これまで工事や交通の支障となるために樹木が伐られても活用の場がなかったが、民間団体が立ち上がり、神戸市に1軒だけ残る広葉樹の製材所や近隣の木工家と共同で、公共施設などの家具や内装に使い始めている。

　三富地域では、平野の畑に隣接して森が広がる。落ち葉で堆肥を作る伝統農業が300年以上続いていて、そのために森を手入れし続けなければならない。ここでも地域の木工家たちがグループを立ち上げ、小物や家具の材料に活かしている。

　さて、著者はこの三富の森から直径12㎝、長さ1mのアオハダとムクノキをいただき、椅子を作ることになった。三富の森の生命力を伝えたい、グリーンウッドワークらしさを出したいと考えながら材を眺めること1時間、だんだんアオハダの幹の曲がり具合が椅子の後脚に見えてきた。そこでアオハダをバンドソーで4等分して、ラダーバックチェアに重ねてみると、「おぉ!椅子らしく見えてきた!」。

　手応えをつかんでからは、削り馬とセンで一気に削り始めた。脚は樹皮が美しかったのでそのまま残し、樹が大地に立つ姿をイメージして下の方を太くした。背板と貫はムクノキから取り、背板は曲げ木をした。削り終えた部材はストーブのそばで乾かし、最後に組み立てて、納品前夜にイグサ縄で座編みをしてできあがり。実は製作を始めたのが納品2週間前で、図面もないぶっつけ本番だったが、なんとか間に合うように作り上げることができた。

　その後、コロナのために「樹の一脚展」の会期から半年以上遅れたが、関連イベントとしてグリーンウッドワークの椅子づくりワークショップも行われた。三富の森に削り馬が並べられ、参加者たちがアオハダとリョウブとコナラの椅子づくりを楽しんだ。

　これも実行委員会メンバーの大げさな一言。「いずれ日本の家具製作の歴史を辿ったとき、『樹の一脚展　前・後』で語られるようになるくらい画期的なことだった」と。それはさすがに言いすぎかもしれないが(笑)、地域材利用のムーブメントはこれからも全国に広がっていくだろう。そしてグリーンウッドワークは、この取り組みを未来につなげていく上でとても相性がよい手法だと思っている。

 実行委員会が立ち上げたウェブサイトでは、30脚の作品の写真や、作り手が思いを語った動画を見ることができる。

アオハダをバンドソーで4つ割りに。

ラダーバックチェアに沿わせてみる。

完成した「アオハダとムクノキの椅子」。

グリーンウッドワークショップinさんとめ。
（撮影:高村徹）

椅子を作る ❻

サトヤマ・
ツナグスツール

板の座面の椅子を作るには、大きな径の木が必要だ。
でも里山で手軽に入手できるのは、直径10cmほどの小径木。
そんな細い木でも、活かしたいという熱い思いと
足踏みロクロがあれば、板座の椅子ができるのだ。

里山の木を活かすために
デザインした椅子

直径10cm前後の里山の小径木で作る、新しいデザインのスツールだ。座面は小径木を半割りにしたものを、ロクロで挽いた丸棒でつないでいる。グリーンウッドワークの椅子というと、丸棒でフレームを組んで紐や布テープで座面を編む形か、板の座面に脚を挿すウィンザーチェアの形のいずれかで、後者は幅広の板が必要なのが悩みどころだった。趣味でグリーンウッドワークを楽しむ人が手に入れられるのは里山の小径木が多いので、そのサイズの木で板の座面を作れないかと考えたもの。足踏みロクロが活躍するデザインだが、足踏みロクロがない場合はテノンカッターで代用が可能だ。

[平面図]

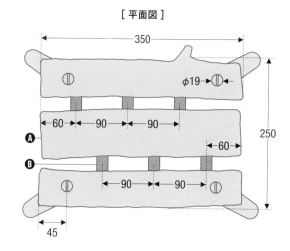

木取り表（＊寸法の単位はmm）

部位	仕上がり寸法	数	記号
座面	70×40×350	3	Ⓐ
ダボ	19×19×90	6	Ⓑ
脚	38×38×450	4	Ⓒ

＊この椅子はさまざまな寸法の小径木から作れるため、上記の寸法は任意

[正面図]

[側面図]

＊単位はmm

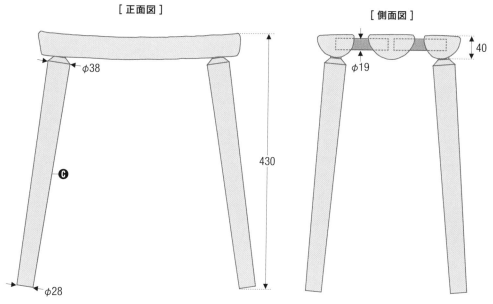

使用する材料

座面に直径8cm、長さ1mほどのアカメガシワ、脚に直径12cm、長さ50cmのシンジュ（ニワウルシ）を使用。どちらも里山でよく見かける木だ。シンジュはまっすぐに割るのが容易で、硬さもほどよく削りやすい。他にダボ用に約2cm角、長さ20cmの乾燥材を3本使用。

使用する道具

木槌、斧、ノコギリ、ストレートナイフ、セン、木工バイス、クランプ、薄丸ノミ、スピンドルガウジ、スパナ、手回しドリル、19mm径ドリルビット、反り台ガンナ、自作の円定規、角度定規。他に木工用接着剤、削り馬、足踏みロクロを使用。

脚を木取り、
ロクロで挽く

作例ではシンジュを使用したが、まっすぐで直径10cmほどあればほとんどの里山の木が使用可能なのでいろいろ試してみてほしい。脚は組み立て後に緩まないよう、生木を加工しながら乾かしていく。

丸太の中心に斧を当て、木槌で叩いて割る。直径の大きいものはさらに半分に割り、4等分にする。

長さを450mmに切り、自作の円定規やコンパスで、木口の一方に直径40mm、もう一方に30mmの円を描く。

削り馬に材料を固定して、センで削る。削りしろがたくさんある場合は、先に斧ではつっておくとよい。

木口に描いた線より2～3mm太めに削っておく。なるべくていねいに円形に削っておくと、後のロクロの作業が楽だ。

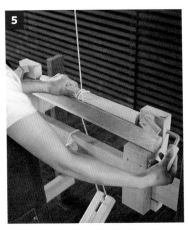

材の木口の中心にポンチで凹みをつけ、潤滑油を注し、足踏みロクロにセットする。

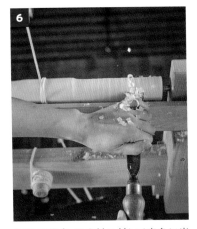

幅広の薄丸ノミを材に対して直角に当て、材を回転させながら少しずつ削り、凹凸を取り去る。粗挽きなので表面は粗くてよい。

木口から50mmのところに、木工旋盤用のスピンドルガウジでV型の溝を付ける。ここが丸ホゾの胴付きになる。

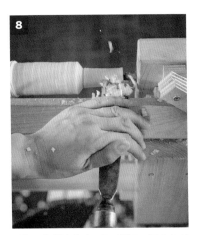

V溝の右側を薄丸ノミで削る。組み立て時の丸ホゾの寸法が直径19mmなので、生木の状態では少し太めの22mmにしておく。

9

4本とも粗挽きが終わったら、風通しのよい場所に置いて数週間よく乾燥させる。

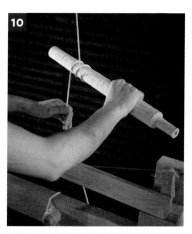

10

乾燥させた後、再び足踏みロクロに取り付ける。

11

薄丸ノミを材に対して45度に当て、ノミのしのぎ面を材に密着させながら削り進め、仕上げ挽きをする。

12

ホゾ部分も、少しずつ削って仕上がり寸法の19mmに近付ける。削りすぎないように注意。

13

直径を確認するのはノギスでもよいが、スパナを使うと便利だ。19mmのスパナがホゾの端から端まで入るか確認する。

14

4本の脚が完成した。

座面を木取り、丸棒でつなぐ

座面に使う小径木はどんな樹種でもよく、削った後の厚さが35mm以上あれば使える。芯が残っていると乾いたときに割れるので、半分に割った後に削って芯を取り除きたい。小枝がある部分などをアクセントに使うと楽しい。

1

長さを350mmに切ったアカメガシワの丸太を斧で半分に割る。

2

削り馬に固定して、センで樹皮を削る。秋～冬に伐った木なら樹皮がはがれにくいので樹皮付きで使うこともできる。

内側の割った面をセンで削る。後でカンナで整えるので、削り面は美しく仕上げなくてもよい。少し中央を凹ませると座りやすい。

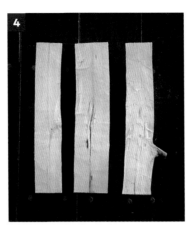

3本の座板を、バランスなどを考えながら並べ、配置を決める。

3本の側面をくっつけて置き、穴を開けるところに合印を付ける。穴を開ける位置はP105の平面図を参照。

側面を上にして木工バイスで固定し、上端から15mmの位置に穴の中心を描く。3個の穴が直線上に並ぶよう、定規を使って描く。

手回しドリルに19mm径ドリルビットを取り付け、深さ35mmの穴を開ける。

穴開けを別の角度から見たところ。

穴開けが終わったら、ストレートナイフを使って座板の木口を面取りする。

同様に、センで木端を面取りする。

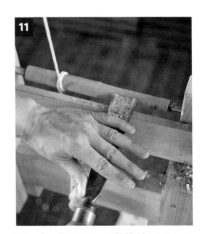

20mm角、長さ200mmの乾燥材をセンで八角形に削り、足踏みロクロにセットして19mm径の丸棒にする。

12

丸棒の両端から90mmのところにスピンドルガウジでV溝を付ける。

13

V溝のところで切り、長さ90mmの丸棒を6本作る。V溝をやや深めに挽いておくと、切った後の先端に面が残り、穴に挿し込みやすい。

14

穴に丸棒を挿して、当て木を当て1段ずつ座面を組み立てる。座面が乾くと締まるので接着剤なしでも組めるが、安全のために接着剤を用いた方がよい。

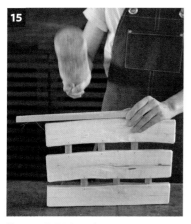

15

続いて2段目を組み立てる。

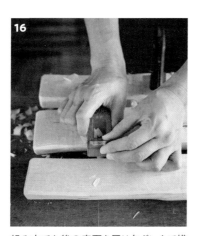

16

組み立てた後の座面を反り台ガンナで横削りして凹凸を整え、仕上げる。横削りする方が逆目が起きにくく、仕上げやすい。

17

座面が完成。カンナで削った後に **10** で加工した面がなくなってしまったら、ナイフで面取りし直しておく。

全体を組み立てる

この作例では座面をつなぐ丸棒・脚の丸ホゾともに直径19mmで統一した。直径10cm未満の小径木を座板に使う場合は、これくらいのサイズがちょうどよい。もう少し太い木を使うときは丸ホゾのサイズを大きくしてもよい。

1

座面を角材の上に置き、上に当て木を載せて、当て木の木端が脚の穴の中心（P105平面図参照）を通るように置いてクランプで固定する。

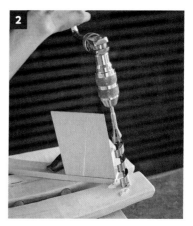

2

当て木の上に80度／100度の平行四辺形の角度定規を置き、ドリルビットが定規と平行になるようにしながら穴を開ける。

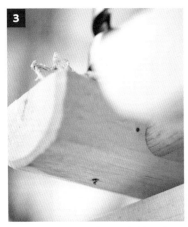

3

ドリルを貫通させて座面の裏側にバリが出るのを防ぐため、ドリルの先端が裏側に出てきたら回すのを止める。

4

座面を裏返し、ドリルの先端が突き抜けたところにドリルを合わせ、角度定規を裏返して置き、穴を開ける。こうするときれいに貫通穴を開けられる。

5

脚をクランプで固定し、クサビを入れるための切り込みを、ホゾの長さの2/3までノコギリで入れる。

6

乾燥した脚の端材をセンで削って幅19mm、厚さ5mmの棒を作り、端から45mmのところから先細りにする。

7

長さ45mmで切り、クサビを4個作る。叩き入れるときに折れることがあるので、余分を作っておくとよい。

8

ホゾ穴に接着剤を塗る。

9

脚の丸ホゾ部分に入れた切り込みが、座面の木目方向と直交するように脚を挿し込む（P105平面図参照）。

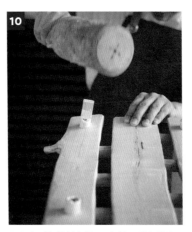

10

クサビに接着剤を塗り、木槌で叩き込む。

11

接着剤が乾いたら、丸ホゾの飛び出した部分をノコギリで切る。

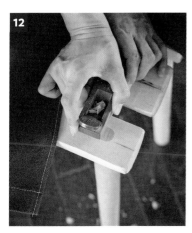

切った後の木口を反り台ガンナで削り、平らにする。木口は硬いので少し水で湿らすと削りやすい。

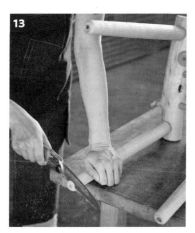

床に置いてみてがたつきがあるようなら、脚を切って調整する。

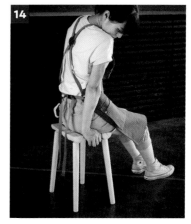

座ってみて、座面の高さやがたつきを確認する。

完成。里山のいろいろな木でいろいろなサイズの椅子を作ると楽しい。

左の座面はアズキナシ、右はアカメガシワ。脚はいずれもシンジュ。丸棒はアベマキ。

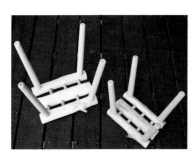

裏返して見たところ。

椅子を作る ❼
樹皮編みのスツール

ケヤキのフレームにケヤキの樹皮（写真左）、
オニグルミのフレームにオニグルミの樹皮（同右）。
一度は離れ離れになった素材たちが、再び椅子となって巡り合う。
相性はいいに決まっている。座り心地も上々だ。

樹皮の工芸利用は
世界各地に

アメリカで、使い込まれた編み座の椅子を見せてもらったことがある。ヒッコリー（クルミ科）の樹皮で編んだものだという。これが味わい深く、いつか試してみたいと思っていた。一方イギリスの書籍によれば、ヨーロッパでは樹皮を椅子の座面に使う伝統はなかったそうで、アメリカから広まったとか。イギリスの樹種ではセイヨウハルニレ（ニレ科）やフユボダイジュ（シナノキ科）が向くという。日本でも樹皮は昔から工芸に使われていて、オヒョウニレ、シナノキ、オニグルミ、サワグルミ、ヤマブドウなどが代表的だ。

[平面図]

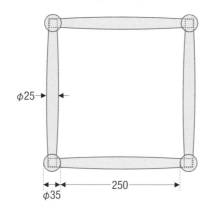

φ25

φ35
250

[正面図]

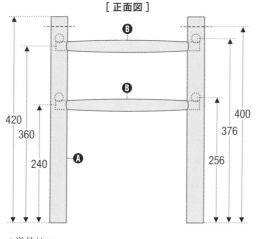

420
360
240
Ⓐ
Ⓑ
Ⓑ

400
376
256

＊単位はmm
＊脚は組み立て後に切る（赤破線部）

木取り表（＊寸法の単位はmm）

部位	仕上がり寸法	数	記号
脚	35丸×400	4	Ⓐ
座枠・貫	25丸×300	8	Ⓑ

ヒッコリーの樹皮で座面を編んだ椅子

使用する材料

幅5〜6cm、長さ2mのオニグルミの樹皮を4巻使用。幅方向に丸まらないよう裏側（黒い方）を外にして巻き、干しておいたもの。

脚用に直径12cm、長さ1m、座枠・貫用に直径8cm、長さ1.5mのオニグルミを使用。

使用する道具

ノコギリ、斧、木槌、セン、薄丸ノミ、スピンドルガウジ、クランプ、18mm径ドリルビット、手回しドリル、霧吹き、スプリングクランプ、自作の竹ベラ、ストレートナイフ、ハサミ。他にはつり台、削り馬、足踏みロクロを使用。

材料を採取する

今回、オニグルミの樹皮は福島県三島町で籠づくりをする五十嵐富一（よしいち）さんに分けていただいた。三島町は編み組細工の盛んな場所として全国的に知られている。

五十嵐さんの案内でオニグルミの林へ。樹皮を採るオニグルミの樹はほとんど手をかけず、自然に生えてくるのだという。

切り株から伸びたひこばえの枝を2年間おいて、3年目の春、5月上旬に伐る。

伐った幹の表裏にナイフで切り目を入れると、縦に簡単にむける。

乾かしておいた樹皮は使う3時間前に水で戻してやわらかくして、適当な幅に切りながら籠を編んでいく。

五十嵐さんの編んだオニグルミの籠。3年目の樹皮からこんな籠が作れるのだから驚きだ。軽くしなやかで、工芸ファンの間で高い人気がある。

岐阜県立森林文化アカデミーで、8月末にスプーンの材料として15年生のケヤキを伐採した際、樹皮がむけそうなのでむいてみた。ケヤキはニレ科だ。

ナイフで切り込みを入れると簡単にはがれる。

アイヌの民具の書籍では、ニレの樹皮は冬を除いていつでもはぐことができ、6月が最も適するとされている。

フレームを組む

P112の2脚のうち、左のケヤキは削り馬で削ったもの、右のオニグルミは足踏みロクロで挽いたものだ。ケヤキのフレームは樹皮を採ったものと同じ木だ。オニグルミは樹皮を採ったものとは別の木を使用した。

脚は直径12cmの材を長さ42cm、座枠・貫は直径8cmの材を長さ30cmに切り、それぞれ斧で半分に割る。

半分に割った材を斧ではつって角を取り、削り馬に固定してセンで丸く削る。脚は直径35mm、座枠は25mmなので、ロクロで挽く場合はそれより2～3mm太めに削る。

足踏みロクロにセットして仕上がり寸法まで挽く。座枠・貫のホゾ部分は直径19mmに。丸太が曲がっている場合はロクロで挽かずに削り馬で仕上げた方がよい。

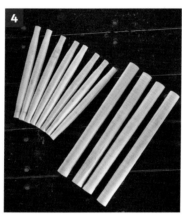

座枠・貫8本、脚4本を、風通しのよい場所に置いてよく乾かす。

乾いて縮んだホゾの直径よりも少し小さい18mm径のドリルビットで、深さ25mmの穴を開ける。穴の位置はP113の図面を参照。

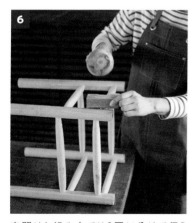

穴開けと組み立ては2回に分けて行う（P52～53参照）。まず2本の脚を貫でつなぐように組み、再び穴を開けて全体を組み立てる。

組み立てた後に、脚の上端をホゾ穴の上端から15mmのところで切る。切り口をナイフで削って面取りする。

フレームが完成。

座面の縦帯を編む

いよいよ樹皮で座面を編んでいく。ケヤキは樹皮をむく際に表面のザラザラした部分（鬼皮）をナイフでこそげた。3年生のオニグルミは表面がなめらかなので、そのまま使用している。

編み方は、著者のグリーンウッドワークの師であるイギリスのマイク・アボットさんの書籍『LIVING WOOD』（Mike Abbott）と、アメリカのブライアン・ボグズさんのDVD『Hickory Bark from Tree to Chair』（Brian Boggs）を参考にした。後者はアメリカLie-Nielsenのウェブサイト（下のQRコード）でストリーミング視聴（有料）もできる。

樹皮は、使用する3時間前に水に漬けてやわらかくしておく。

ストレートナイフで25mm幅に切り、帯を作る。慣れれば定規なしで切っていくことができるが、罫引やレザー用のストラップカッター等を使用するのもよい。

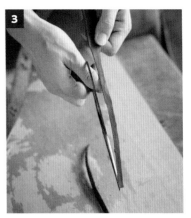

先端から15cmほどのあたりから、ハサミで帯の両側を切って幅5mmほどにする。

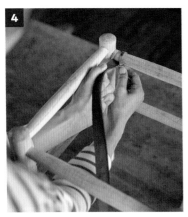

細く切った部分を低い方の座枠の左端にくくりつけ、編み始める。

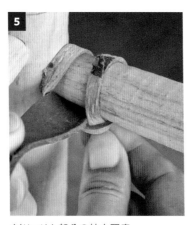

くくりつけた部分の拡大写真。

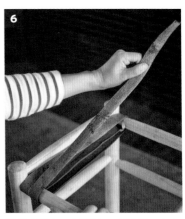

縦帯は樹皮の表側（白い方）を外にする。最初にくくりつけた部分を1列目で覆うようにして、2列目へ。

最初の帯の端まできたら、次の帯を継ぎ足す。まず両端を10cmほど、ハサミで細く切って幅5mmにする。

最初の帯の先端を二つ折りにして、その周囲を次の帯で下からぐるりと巻く。

ぐるりと巻いた次の帯の端を、二つ折りにした最初の帯の穴の中に通して、結び目ができあがり。

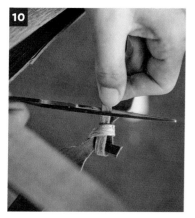

力をかけて引いて結び目を締め、余った端をハサミで切る。

縦帯・横帯とも10列になるようフレームを設計している。縦帯の最後の列はぴったり収まるよう、ハサミで部分的に幅を切り落として調整する。

横帯を編む

樹皮の座面の編み方は「網代（あじろ）編み」が基本だ。縦帯を2列ずつくぐらせながら編んでいく。1列ずつくぐらせる「四ツ目（市松）編み」だと、樹皮に厚みがあるため、帯と帯の間にすき間ができてしまうためだ。

縦帯を巻き終えた角で帯をひねり、樹皮の裏側を外にして横帯を編む。縦横とも樹皮の表を使ってもよいが、オニグルミはコントラストが美しいので裏側を使用。

表の横帯1列目は、写真手前から縦帯1列の上、2列の下、2列の上、2列の下、2列の上、1列の下、の順に編む。

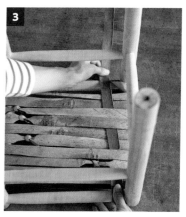

フレームをひっくり返し、裏を編む。裏も2列ずつくぐらせながら編み進める。

表の横帯2列目。編み目をひとつずらし、縦帯2列の上、2列の下、2列の上、2列の下、2列の上、の順に編む。

裏側も同様に、編み目をひとつずらし、2列ずつくぐらせながら編む。

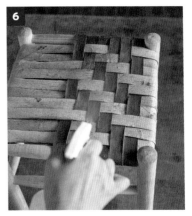

編んでいる途中で帯が乾いて硬くなってきたら、霧吹きで水をかけてやわらくしながら作業を続ける。

ときどき、竹ベラですき間を詰め、間隔を整えながら編み進める。

最後の方ではすき間が狭くなり編みにくいので、竹ベラや薄い定規などを挿し込んですき間を空け、帯を導くようにしながら編む。

裏側の指で示したところは結び目がふたつあるが、規則通りだとどちらも外に見えてしまう。そのため規則を変えて結び目を隠すことを優先する。

ⓐのところは本当は黒い帯が上だが下をくぐらせ、ⓑのところで黒い帯を上にして白い帯の結び目を隠している。

10の1列左に最後の帯を編む。編めるところまで編み、余りをハサミで切って、切った先端は中に編み込んでしまう。留め具は用いない。

編み上がり（表面）。階段状の網代模様が美しい。

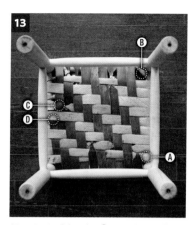

編み上がり（裏面）。Ⓐ:編み始め、Ⓑ:折り返し、Ⓒ:**10**で結び目を隠したところ、Ⓓ:編みじまい。よく見ると不規則なところがあるが、目立たない。

座面が乾いたら、家具用のオイルを塗って仕上げると、ツヤが出て美しくなる。

完成。まるで動物の皮革のような雰囲気がある。伸縮しにくいので布テープなどに比べ、しっかりした座り心地だ。

ロクロで挽いたオニグルミ（左）と、削り馬で削ったケヤキ（右）。座面もフレームも、それぞれ異なる趣がある。経年変化が楽しみだ。

左からウノー団員、クツワ団員、ナオキ団員。

削るオヤジ団結成!
椅子マイスターたちの即興生(木)演奏

1本の樹を伐るところから始め、図面なし、出たとこ勝負の椅子づくりをやってみたい。仲間とワイワイ楽しみながら作りたい。そう思い立って椅子のマイスターふたりに声をかけ、「削るオヤジ団」を結成した。

宇納正幸さん(以下ウノー団員)は1960年生まれ、京都市在住。20歳のときからシェーカー家具の製作に携わる。シェーカーとはアメリカで自給自足の生活を営んだキリスト教団の通称であり、彼らが築き上げた美しい家具や生活道具の様式だ。日本の第一人者となった現在もシェーカーの研究と家具製作に取り組んでいる。

迎山直樹さん(以下ナオキ団員)は1961年生まれ、兵庫県佐用町在住。30歳で木工を始め、2年間の木工所勤務を経て独立し、独学で数々の美しい椅子を生み出してきた。還暦を機に、立ち上げた工房を若いスタッフに譲って椅子づくりから引退を宣言。木工家仲間を驚かせた。

そして著者(クツワ団員)は1967年生まれ、岐阜県在住。岐阜県立森林文化アカデミーの教員として木工を教えている。ウノー団員、ナオキ団員とは、それぞれグリーンウッドワークのイベントを一緒にやったことがある仲だ。

左からウノー団員のエンフィールドチェア、クツワ団員のウィンザーチェア、ナオキ団員のT-chair。

ウノー団員のスケッチ。端正な
ラダーバックチェア。

クツワ団員のスケッチ。小径木を
つないだ板座のウィンザー。

ナオキ団員のスケッチ。丸棒で構成
されている。

　ウノー団員が敷地の樹を使っていいよと申し出てくれ、1月、3人は京都の家具工房UNOHに集合した。
「ボクはシンプルなラダーバックチェアを作ろうと思てるんよ」とウノー団員。シェーカーはアメリカで機械加工を取り入れ、背がはしご（ラダー）状になった椅子を量産したが、その源流はヨーロッパのグリーンウッドワークの椅子にあるという。紙と鉛筆を持ち出し、その場でサラサラとスケッチを描き上げた。

　ナオキ団員は「オレは引退宣言したんやけど……酒に釣られて来た」と笑う。でも事前にスケッチを描いて持参してくれたところを見ると、楽しんでいるようだ。最近は地元の仲間と里山整備を始め、山側の活動にシフトしている。「ちょっと構造的に無理してるところはあるけど、実験としてやってみたい」

　クツワ団員はP104で紹介した「サトヤマ・ツナグスツール」に背を付けてウィンザーチェアにしようと企んでみたが、果たしてどうなるか。

　構想が決まるとさっそく工房周辺を物色。ウノー団員が「伐りたい樹があるんやけど」と見せてくれたのが、32年前に工房を構えたときに自ら植えたオニグルミ。すくすく育ち、実を食べたり油を絞って小物の塗装に使ったりしてきたが、枝が隣家にかかるようになって伐る必要に迫られたのだ。「これで行こう!」椅子になるのはこの樹に決まった。

　1月はウノー団員の京都、3月はナオキ団員の兵庫、5月はクツワ団員の岐阜、2ヶ月ごとにそれぞれの工房に集まって作業を進めることも決定。もちろん作業の後は乾杯〜♪　楽しそうだ。さて、3人のオヤジからなる削りの楽団、どんなハーモニーを奏でられるか。

スケッチを前に構想を話し合う3人。

ウノー団員が自ら植えた工房裏のオニグルミ。2年前から枝を伐っている。

セッションの最初の音色は、チェーンソーのエンジン音であった……。

切り株の直径は36cm。1年で1cm以上育ったことになる。

「おぉ〜!」「これはきれいやね」「節もなくて削りやすそう」。

　さて、いよいよ伐採。グリーンウッドワークらしく手ノコでギコギコと伐り始めたがなかなか進まず、「これはチェーンソーの出番だね（笑）」ということでエンジン音を響かせ伐り倒した。玉切りして一番玉（根元に近い方）をクサビで割ってみると、パカッと素直に割れて紫がかった美しい材面が現れた!　これはいけそうだ。

　ウノー家の庭に材料を運び込み、さっそく作業開始。グリーンウッドワークの椅子づくりではまず節がなくいちばんよい部分から脚を取り、残りで細い部材を取っていくのが原則だ。ウノー団員は一番玉、ナオキ団員は二番玉、クツワ団員は三番玉を、それぞれ使うことにした。

　1日目の目標は、必要な部材をすべて割って取ること。半分、また半分と、クサビや斧で割って細くしてゆく。辺材には虫食いが多数見られる部分もあったが、これも樹が生きてきた証。強度に問題はなさそうだ。夕方5時の日没までに何とかノルマを達成できた。

　その後は冷え込みが増していく中で焚き火を囲んでビールで乾杯!　一缶飲み干すと、冷え切ったオヤジたちは暖かい家の中へ。さらに夜更けまでものづくり談義が続いたのであった。

庭で作業開始。映画「耳をすませば」のおじさんたちの演奏シーンのよう、とはウノー団員のご家族の言葉。

チョイ割るオヤジ。

辺材には虫穴が。これも樹が生きてきた証だ。

削り馬にまたがって削っていると、体が温まってくる。

チルドの部材をセンでサクサク削る。

ウノー団員の工房で、曲げ木の型を作るナオキ団員。

1月の京都北部の冷え込みは厳しい。早朝はマイナス4度まで下がり、割っておいた部材には霜が降りていた。震える体で削り馬にまたがり、センで削るとサクサクとよく削れる。「これは生（木）じゃなくてチルドだね」「この方が削りやすいかも」。体もだんだん温まってくる。

2日目の目標は各部材をセンで粗削りすることと、背板を曲げ木することだ。ナオキ団員はUNOHの工房を借りて曲げ型を即席で作り、太さ35mmほどに削った丸棒を型にはめて曲げた。

ウノー団員は厚さ10mmほどの板を2枚、クツワ団員は厚さ20mmの板を1枚作り、まとめて蒸し器で30分蒸して、それぞれ持参した型にはめてクランプで締めた。伐りたての生木はやわらかく、きれいに曲がる。次回までにしっかり乾かせば、カーブが固定しているはずだ。

セッション1はここまで。1本のオニグルミの樹から、3脚分の椅子の部材を取ることができた。各自持ち帰り、準備を進めておく。次は3月に兵庫で、接合部分のホゾ加工だ。

蒸し時間は30分ほどでOK。

クツワ団員の背板。20mm厚の板もよく曲がった。

今回の成果。立木の状態から2日でここまでできた。

クツワ団員の部材。

ウノー団員の部材。

ナオキ団員の部材。

　3月の作業場はナオキ団員が故郷の兵庫県佐用町に立ち上げた家具工房Tenon。テノンは英語でホゾの意味で、伝統的なホゾ加工で接合部分をしっかり組み、軽くて丈夫な椅子を作りたいという思いが込められている。オヤジ団はそのTenonで、奇しくも各部材のtenon（ホゾ）加工を行うことになった。

　2ヶ月ぶりの再会に心躍るウノー団員、ロビン・ウッノのポーズを決めてくれた。手にしているのはカウホーン（牛の角）と呼ばれる前脚どうしをつなぐ貫で、座ったときに足を手前に引き込めるよう半円形になっている。自宅で曲げて持参したものだ。

　いよいよ貫のホゾ取りだ。削り馬に材をセットして、手回しドリルの握り部分をお腹で押さえ、取り付けたテノンカッターをグルグル回す。テノンカッターは今回は5/8インチ＝約15.9mm径を使っている。

　ホゾ取りができたら次は脚に穴開け。手回しドリルで穴を開け、貫を挿して組み立てる。「組めた！　エエネ！」。小気味よいテンポで作業が進む。さすがウノー団員、普段丸棒で構成されるシェーカーの椅子を作っているだけに、丸棒の扱いに慣れている。

弓を構えるロビン・ウッノ。

テノンカッターで貫にホゾ加工。お腹で軸を固定して安定感バツグン。

まっすぐの貫とカウホーンを前脚に挿し、組み立てる。「エエ感じやね」。

ホゾの精度が売りのTenon創業者ナオキ団員、テノンカッターに苦戦。

足踏みロクロに挑戦。さすが椅子マイスター、すぐに会得。

「どう、いいでしょ?」精度高いテノンが完成して、Tenonの面目躍如。

一方のナオキ団員は、普段作る椅子は四角いホゾがほとんどで、手加工の丸ホゾにはなじみがない。丸ホゾをテノンカッターで削り始めたが、ホゾがガタガタになってしまうまく削れない。テノンカッターは作りたいホゾのサイズに対して材が太すぎるとダメなのだ。そこでクツワ団員が開発した折り畳み式足踏みロクロが登場〜（P34参照）。これなら太い材の先端に細めのホゾも作ることができる。さすが椅子マイスター、ほぼ初体験なのに5分もするとシュルシュルシュルと軽快な音を奏で始めて「これはおもしろいね〜」。見事に精度の高いホゾを挽き終えた。

クツワ団員は、まず座板の側面に直径20mmの穴を4つ開け、そこへ足踏みロクロで挽いた丸棒を挿し込み、叩いて2枚をつなぎ合わせる。これはサトヤマ・ツナグスツールのやり方だ。その後、反り台ガンナで段差を削ってなめらかにすれば座面の完成だ。

続いて25mm径のドリルビットで、前脚は100度、後脚は105度の角度で座面に穴を開ける。そして足踏みロクロで脚の先端に同寸のホゾを付け、座板に挿し込むと「イェーイ!」。だんだん椅子らしくなってきた。この後、クサビを作って丸ホゾに叩き込み、ウィンザーチェアの下半身を完成させた。

3人ともホゾ加工はできた。セッション2も無事終了。次は5月に岐阜で、組み立て、座編み、塗装、完成だ。

上下の板の穴の位置は完璧には合わないが、叩いて組んでしまえば逆になかなか抜けなくなる。

合板に引いた100度と105度の2本の線を目安に、座面に脚の穴開けをする。

「椅子らしくなってイイッスね〜」自画自賛の笑み。

背板2枚＝ホゾ穴を4ヶ所開けるだけでも手作業だと大変だ。

穴の位置を確認するナオキ団員。順調に行けばいちばん早く終わりそう。

5月、3人は緑がまぶしい岐阜県立森林文化アカデミーのウッドデッキで作業を開始した。

ウノー団員は、背板を挿し込むホゾ穴をノミでコツコツ開ける。「いつも作っているシェーカーの椅子は角ノミ（木工機械）で開けるからこんなことするのは初めて。背板3枚にしようかと思ったけど、やめといてよかったわ（笑）」。

ナオキ団員はホゾ穴の位置をチェック。組み立てた後に座面に張るのは、地元産のシカ革だ。「近くに加工してくれるところがあってね。地産地消で使ってみたかった」。

クツワ団員は背と肘を付けて椅子の上半身の組み立て。笠木（背のいちばん上の部材）を取り付けてみて、他のふたりにも意見を聞き、長さや幅のバランスを考える。図面のない製作はまさに楽譜のない演奏のようで、これもまた楽しい。

ウノー団員の座面は、同じオニグルミから採取した樹皮。数年前に工房スタッフが取っておいてくれたものだが、こうして同じ樹から作る椅子に使うとは思ってもみなかった。「ほんまこれは奇跡やね」。水に漬けてやわらかくしてから編み始める。ざっくりした質感が削り肌によく似合う。

笠木は長いまま取り付けてみて「このままでもいけるかも？」「ちょっと長すぎかな」「上端を削ると印象変わりますよね」。

「縦は樹皮の表、横は裏を使ってみようかな」。乾くと色のコントラストが付く。

ウノー家に保管していたクルミの実約60個を塗装に使った。

ウノー団員のラダーバックチェア。「こんな機会がなければ、自分が植えた樹で椅子を作ることも、クルミの樹皮や実を椅子に使うこともなかった。何かに導かれるようやったね」。

クツワ団員のウィンザーチェア。「小径木でも板座の椅子ができると示せてよかったです。3人とも予備材料なしの一発勝負でこんな素敵な椅子ができるなんて、夢みたいですね」。

ナオキ団員のシカ革の椅子。「生木の椅子づくりなんて初めてだから実はこの間ずっとプレッシャーだったんやけど、できあがってホッとした。里山の樹を使うことはこれからもやっていきたい」

　最後の仕上げはオイル塗装。なんと、これも同じオニグルミから採れた実をウノー家で取っておいたもの。1本の樹の恵みを使い切るのだ。布にくるんで叩いて潰し、染み出た油を椅子に擦り込むと美しい艶が現れ一同から歓声があがる。「オォ〜!」「いけるやん!」「いいですね!」。

　そしてついに、1本のオニグルミの樹から3脚の椅子が完成! どの椅子も個性的で美しい。しかもさすが椅子マイスターたち、樹を伐る前に描いたスケッチを驚くほどうまく再現できている。2ヶ月ごとにお互いの仕事場に集まり、ワイワイ言いながら木を割って削って曲げ木して、一緒に作り上げていくのはこの上ない楽しさだった。椅子はかつて西洋では生活必需品として自分で作るものであり、その後日本も含めて豊かな暮らしのために買うものになったけれど、これからは仲間たちと作る楽しさを味わうための椅子もいい。グリーンウッドワークなら、それができるのだ。

　3人のオヤジたちの即興生(木)演奏はこれにて終了。いずれアンコールをやりたいね、と話しながら解散したのだった。

「10年後にまた作りましょうよ」「あかんて!もうヨボヨボやで。杖ついてるわ」「でもまたみんなで集まって何かやりたいね」。

数日後、ウノー団員から「オニグルミの切り株から萌芽が!」と写真が届いた。私たちが伐った樹は32年前にウノー団員が植えたもの。その切り株から出た芽は、太い根から水や養分をぐんぐん吸って、30年もかからずに同じ太さに育つだろう。するとまた次の世代の誰かが実を採り、樹皮をむき、仲間と椅子を作るかもしれない。そう、樹は育ち、人と椅子の物語は続くのだ。

グリーンウッドワークの椅子づくりを体験できる場所 ★は道具も販売

一般社団法人グリーンウッドワーク・ラボ★

担当：久保田芳弘 ☎ 090-7304-7044
〒503-1321 岐阜県養老郡養老町岩道470-34
web https://gwwlab.com
⊙ @greenwoodworklab
✉ contact@gwwlab.com

製作できる椅子：スツール、ゴッホの椅子など
担当者コメント：岐阜県立森林文化アカデミーと共同開催で、指導者を目指す方を対象に「グリーンウッドワーク指導者養成講座」（全11日）を毎年開催しており、5日間の椅子づくりも含まれています。また、全国各地の指導者養成講座の修了生と共同で地方開催も行います。最新の活動はインスタグラムをご覧ください。お気軽にお問い合わせください。

NPO法人グリーンウッドワーク協会★

担当：小野敦 ☎ 090-4793-9508
〒501-3701 岐阜県美濃市2973番地1
web https://www.greenwoodwork.jp/
✉ greenwoodworker@gmail.com

製作できる椅子：ラダーバックチェア、ゴッホの椅子など
担当者コメント：ラダーバックチェア（計6日間）、ゴッホの椅子（計4日間）といった本格的な椅子づくりから、2日程度でできるスツールまで、岐阜県美濃市内の拠点にて通年でワークショップを開催。ご依頼があれば参加者10人程度で全国どこへでも出張します。また「グリーンウッドワーク教室」では、基本となる技術を計4日間で学び、修了後は自由製作が可能となります。曲木やロクロによる椅子づくりにもチャレンジでき、経験豊富な講師がサポートします。

クラフトハウス

担当：井丸富夫
☎ 0247-57-5541
〒963-8304 福島県石川郡古殿町松川大原194-2
web http://www.tomio-imaru.com/
✉ tomio@tomio-imaru.com

製作できる椅子：スツール、ラダーバックチェア
担当者コメント：通常春に開催しています。椅子づくりの所要日数は1週間ですが2分割でも構いません。スツールはその半分ほどの日程です。伐採後の丸太を割って各パーツを作るところからスタートし、座編みして完成後は車に載せて持ち帰ることができます。

木工アトリエ 森倫舎（しんりんしゃ）

担当：渡邉聡夫
〒252-0715 神奈川県相模原市緑区若柳1330-7
web https://www.facebook.com/shinrinsha
✉ info@shinrinsha.jp

製作できる椅子：スツール
担当者コメント：木工アトリエ 森倫舎は、神奈川県の北西部、相模原市緑区の旧津久井郡のエリアで地域産材でのものづくりをテーマに活動する木工房です。津久井の里山を会場に、森や樹木に親しみ、ものづくりを楽しむグリーンウッドワーク講座を開いています。講座の開催時期・内容はウェブサイトをご覧ください。

NPO法人よこはま里山研究所（NORA）

担当：下山康博
☎ 045-722-9674
〒232-0017 神奈川県横浜市南区宿町2-40 大和ビル119
web https://nora-yokohama.org/
✉ g-woodwork@nora-yokohama.org

製作できる椅子：子ども用スツールなど
担当者コメント：横浜市旭区にある下川井緑地では「利用できる森づくり」というコンセプトの一環として、間伐した際に発生する材を使用して毎月第4曜日にグリーンウッドワークを実施しています。

みどりの工作室

担当：加藤慎輔
☎ 090-2682-8122
〒489-0857 愛知県瀬戸市吉野町304-1
あいち海上の森センター工作室
web https://midorinokosaku.jimdofree.com/
✉ midorinokosaku@gmail.com

製作できる椅子：スツール、ゴッホの椅子
担当者コメント：みどりの工作室では、森の恵みを暮らしに生かすサークル活動と講座のふたつから、グリーンウッドワークを楽しむことができます。サークル活動では毎月1回、自分のアイデアでスプーンなどを製作し、経験者から助言を受けながら協力して学びます。講座では、講師の指導で、スツールなどを製作します。詳細は、ホームページをご覧いただくか、気軽にご連絡ください。持続可能な生活とものづくりの楽しみを一緒にいかがでしょうか。

全国各地で講座を開催しているのは、一般社団法人グリーンウッドワーク・ラボ、NPO法人グリーンウッドワーク協会で、この2団体ではグリーンウッドワークの道具も販売している。岐阜県立森林文化アカデミーで実施している「グリーンウッドワーク指導者養成講座」などの修了生を中心に、全国でグリーンウッドワークを体験できる場所も増えている。道具をすべて自分で揃えるのは大変なので、まずは講座に参加して1脚作ってみるのがお勧めだ。

木楽工房（きらくこうぼう）

担当：山形英三　☎ 090-3585-5577
〒398-0001 長野県大町市平2114-2
web http://www.kirakukoubou.com
✉ yamagataeizou@gmail.com

製作できる椅子：フトイ、七島い（シチトウイ）またはペーパーコードによるスツール、椅子の座編み

担当者コメント：あらかじめこちらでご用意したスツールまたは椅子の枠に座編みし、仕上げていただきます。フトイ、七島いまたはペーパーコードのいずれか、ご希望の椅子の形、参加希望人数、希望日など、わかる範囲で結構ですので、できるだけのことをお知らせください。日程調整などご相談の上決定しお知らせいたします。ご希望日の4週間ほど前までにお知らせください。

大太蘭文化研究所

担当：内藤光彦
体験場所：岐阜県美濃市に半栽培しているオオフトイの田圃と工房
📷 forest_morinois/
✉ tell@yahoo.ne.jp

製作できる椅子：オオフトイを使った椅子の座編み体験

担当者コメント：岐阜県美濃市でオオフトイの半栽培・収穫をして椅子やカゴなどを製作しています。オオフトイの素晴らしさを多くの方に知っていただくため、オオフトイの座編み体験ワークショップを開催します。現在収穫量が多くないため、グリーンウッドワークの椅子製作経験者で、座編みにロープ等ではなくオオフトイ（天然の草）を使ってみたい方を対象として開催します。月に1回、1、2名程度。詳細その他に関しては一度お問い合わせください。

中津川グリーンウッドワークベース

担当：原功　☎ 080-2012-0359
〒509-7321 岐阜県中津川市阿木7619-30
web https://loghouse-hidamari.jimdosite.com/
✉ judo3515h1303@gmail.com

製作できる椅子：スツール、ゴッホの椅子、ラダーバックチェア

担当者コメント：中津川市の根の上高原（標高900m）にあります。そんな素敵な自然の中でグリーンウッドワークの椅子づくりを体験してみませんか！　開催は不定期（要相談）。スツール2日間、ゴッホの椅子4日間、ラダーバックチェア6日間。座枠や貫のホゾを足踏みロクロで加工します。その他、足踏みロクロの器づくり講座も体験できます。

cafe soto（カフェ ソト）

担当：福畑慎吾　☎ 090-9886-3981
〒563-0372 大阪府豊能郡能勢町山辺1281
web https://cafesoto.wixsite.com/school
✉ sfukuhata14@gmail.com

製作できる椅子：スツール、ゴッホの椅子、ラダーバックチェア

担当者コメント：雑木林に囲まれたグリーンウッドワーカーズカフェです。椅子づくりなどのワークショップは、カフェ定休日の水曜日と木曜日に行っています。

山添村神野山木工館

担当：松村朋子
web http://blog.livedoor.jp/midoriwood/
✉ naramokkoukyoushitu@gmail.com

製作できる椅子：スツール、ゴッホの椅子、ラダーバックチェア

担当者コメント：スツール、ゴッホの椅子は指導者とスケジュールが合えば随時受付。ラダーバックチェア講座は、黄檗採取後のキハダ材を使用し、1～2年に1度、指導者をお呼びして開催。椅子づくりは基本的に18歳以上が対象ですが、親子対象メニューもあります。

赤いリボン グリーンウッドワーク

担当：伊藤高広　☎ 080-4332-0527
〒879-0462 大分県宇佐市大字別府258-1
web https://akairibbon.com
📷 @akai_ribbon_gww
✉ akairibbon@outlook.jp

製作できる椅子：スツール、ゴッホの椅子等、七島い（シチトウイ）・ガマなどの自然素材を使った座編み体験

担当者コメント：八幡宮総本社「宇佐神宮」近くにある工房（フォトスタジオ併設）にて、ご希望に合わせて随時開催します。出張ワークショップも可能です。椅子づくりだけでなくスプーンづくりや、子ども向けの講座などグリーンウッドワーク全般、幅広く対応可能です。お気軽にご相談ください。

グリーンウッドワークで
椅子を作る

2024年1月1日　第1刷発行

著者	久津輪 雅
発行人	関根真司
編集人	豊田大作
発行所	株式会社キャンプ
	〒135-0007 東京都江東区新大橋1-1-1-203
発売元	株式会社ワン・パブリッシング
	〒110-0005 東京都台東区上野3-24-6
印刷所	中央精版印刷株式会社

●この本に関する各種お問い合わせ先
・本の内容については　☎ 03-6458-5596（編集部直通）
・不良品（落丁、乱丁）については　☎ 0570-092555（業務センター）
　〒354-0045 埼玉県入間郡三芳町上富279-1
・在庫、注文については　☎ 0570-000346（書店専用受注センター）

© Masashi Kutsuwa 2023 Printed in Japan

Staff

撮影	門馬央典、久津輪 雅
実演	山路今日子（グリーンウッドワーク・ラボ）
協力	宇納正幸（UNOH）
	迎山直樹（Small Axe）
	久保田芳弘（グリーンウッドワーク・ラボ）
	井上真利（グリーンウッドワーク・ラボ）
	岐阜県立森林文化アカデミー
資料提供	豊田市民芸館（P12写真）
Special Thanks	マイク・アボット　Mike Abbott
	ポール・ヘイデン　Paul Hayden (Westonbirt Woodworks)
	ドリュー・ランズナー　Drew Langsner
装丁・デザイン	髙島直人（カラーズ）
イラスト	久津輪 雅
編集	豊田大作

著者プロフィール

久津輪 雅
Masashi Kutsuwa

1967年生まれ。20代はNHKディレクターとして「クローズアップ現代」などを担当。30代で木工に転じイギリスで家具職人に。40代からは岐阜県立森林文化アカデミーで木工教員。グリーンウッドワークの研究・開発・普及をライフワークにしている。海外の木工家を日本に招いて講座を企画したり、日本の木工家の海外講座の企画・通訳を務めるなど、国際交流に携わる。近年は各地の伝統技術や道具鍛冶の職人を支える活動にも力を注ぐ。著書に『ゴッホの椅子』（誠文堂新光社）、『グリーンウッドワーク 増補改訂版』（ワン・パブリッシング）。